Schriften des Vereins für Socialpolitik
Gesellschaft für Wirtschafts- und Sozialwissenschaften
Neue Folge Band 14

SCHRIFTEN
DES VEREINS FÜR SOCIALPOLITIK

Gesellschaft für Wirtschafts- und Sozialwissenschaften

Neue Folge Band 14

Tagung aus Anlaß der 175. Wiederkehr
des Geburtstages von
Johann Heinrich von Thünen

Herausgegeben von
Professor Dr. Walther G. Hoffmann

VERLAG VON DUNCKER & HUMBLOT
BERLIN 1959

Verhandlungen auf der Tagung des Vereins für Socialpolitik
Gesellschaft für Wirtschafts- und Sozialwissenschaften
in Göttingen 1958

Probleme des räumlichen Gleichgewichts in der Wirtschaftswissenschaft

VERLAG VON DUNCKER & HUMBLOT
BERLIN 1959

Alle Rechte vorbehalten

© 1959 Duncker & Humblot, Berlin-Lichterfelde
Gedruckt 1959 bei der Buchdruckerei Schröter, Berlin SW 61

Inhaltsverzeichnis

Erster Tag

Eröffnung und Begrüßung 9

Referat von Professor Dr. Dr. h. c. Erich Schneider (Kiel):
  Johann Heinrich von Thünen und die Wirtschaftstheorie der Gegenwart 14

Referat von Professor Dr. Dr. h. c. Emil Woermann (Göttingen):
  Johann Heinrich von Thünen und die landwirtschaftliche Betriebslehre der Gegenwart 28

Referat von Professor Dr. Wassily Leontief (Harvard Universität Cambridge/Mass.):
  Interregionale Beziehungen wirtschaftlicher Aktivitäten 46

Generaldiskussion 55

Zweiter Tag

Referat von Professor Dr. Herbert Giersch (Saarbrücken):
  Probleme der regionalen Einkommensverteilung 85

Generaldiskussion 119

Verzeichnis der Redner 151

Erster Tag

Erster Tag, Vormittag
Freitag, 9. Mai 1958

Eröffnung und Begrüßung

Rektor der Universität Göttingen, Prof. Dr. Otto *Weber* (Göttingen):

Daß Ihre Gesellschaft sich entschlossen hat, ihre diesjährige Tagung, die unter dem beherrschenden Gesichtspunkt der Erinnerung an Johann Heinrich von Thünen steht, hier in Göttingen und in unseren Räumen abzuhalten, darf die Georgia Augusta als eine besondere Ehrung ansehen, und ich komme nicht nur den Pflichten des augenblicklichen Hausherrn, sondern, wie ich meine, einer Dankespflicht besonderer Art nach, wenn ich Sie hiermit herzlich bei uns willkommen heiße und allem, was Ihrer an Arbeit wartet, vollen Erfolg wünsche.

Ich bin mir bewußt, daß Göttingen wohl unter dem Gesichtspunkt gewählt ist, daß Johann Heinrich von Thünen hier — wenn auch nur zwei Semester — studiert hat, und daß er als Oldenburger ein rechter Niedersachse war. Wollte man darauf blicken, daß Thünens fruchtbarste Jahre in der nächsten Nähe von Rostock sich zugetragen haben, so müßte man wohl annehmen, daß unter anderen Verhältnissen, als wir sie jetzt zu ertragen genötigt sind, die alte mecklenburgische Universitätsstadt gewählt worden wäre. Es wird auf alle Fälle geboten sein, daß wir mit der Erinnerung an Thünen sogleich auch das Gedenken an die Ostseeuniversität verbinden, die aus Vergangenheit und Gegenwart des wissenschaftlichen Lebens in Deutschland nicht wegzudenken ist.

Immerhin: was Thünen in Tellow theoretisch und praktisch leistete, das hat seine Grundlagen in zwiefacher Hinsicht im Zusammenhange mit Göttingen. Auf der einen Seite war Thünen bei aller Kritik von hüben und drüben. Schüler von Albrecht Thaer, den Göttingen mit gutem Grunde ganz zu den Seinigen zählt. Auf der anderen Seite gewinnt man den Eindruck, daß Thünen zwar von seinen hiesigen Lehrern, darunter besonders Beckmann, Sartorius und — für Thünen wohl mehr sekundär — von Blumenbach gelernt, Einzelheiten übernommen hat, jedoch methodisch und geistesgeschichtlich am stärksten durch seine gerade in Göttingen geübte Lektüre von Kants Kritik der reinen Vernunft beeinflußt ist. Man muß sagen, daß sich Thünen mit diesem Interesse für Kant recht wenig göttingisch benahm; denn Göttingen ist in damaliger Zeit fast allgemein auf den großen Königsberger nicht gut zu sprechen gewesen. Die Ursache dafür liegt in der für Göttingen stets bezeichnenden Abneigung gegen jede nicht-empirische Methode. Nun, Thünen macht, wenn man als völliger Laie in seinem Fach dennoch den Versuch unternehmen darf, ihn zu verstehen, von dieser Göttinger Regel eine höchst bemerkenswerte Ausnahme. Er geht augenscheinlich völlig deduktiv vor, was ihm bei seiner Neigung zur Mathematik, die sich ja schließlich auch in seiner berühmten Formel äußert, auch nahelag — und gelangt dann zu ganz konkreten, induktiv bewährten Ergebnissen. Kurzum, Thünen ist in dem, was ihn methodisch und geistesgeschichtlich auszeichnet, eigentlich gerade kein Göttinger gewesen, und wenn Göttingen auf Thünen stolz sein darf, so eben deshalb, weil er hier — ohne erkennbares Zutun seiner Lehrer — den Weg zu eigenständigen Denkweisen fand. Die kräftige Bewegung zwischen zwei methodischen Extremen, die sich dann dennoch als konvergent erweisen, zeigt sich auch in Thünens sozialethischen Vorstellungen. Er geht, abstrakt, zunächst ganz gut im Sinne des Zeitalters sich verhaltend, vom Erwerbstrieb aus — und er endet bei einer Position, die den Arbeiter als mitbeteiligten Träger der landwirtschaftlichen Produktion behandelt und seinen Lohn in ein verrechenbares Verhältnis zu Zinsfuß und Landrente setzt. Soweit der Laie sehen kann, war er darin seiner Zeit weit voraus, und seine praktische Haltung war es erst gar.

Diese wenigen Bemerkungen, meine hochverehrten Herren und Kollegen, konnten nicht im mindesten dazu bestimmt sein, Ihre Diskussion irgendwie anzuregen. Sie konnten keinem Kundigen etwas Neues sagen. Immerhin lebt die Universität nicht nur davon, daß der einzelne Fachmann die Forschung des anderen gelten läßt, sondern auch davon, daß er bei ihr Belehrung sucht. Lediglich zu diesem Zwecke habe ich mir auf Ihre freundliche Einladung vorgenommen, möglichst viele Stunden lernend unter Ihnen zu verbringen. Thünen selbst ging, wenn wir unsere neueren Unterscheidungen einmal anwenden wollen, zwischen naturwissenschaftlichen und geisteswissenschaftlichen Problemen und Methoden frei einher. Er mag sich seine Freiheit im Geistigen zum guten Teil hier in Göttingen errungen haben. Das war, von einigem Fachlichen abgesehen, das Größte, das ihm Göttingen damals zu geben vermochte — und insofern Kant dabei der Leitstern war, ist Göttingen im Grunde wider Willen dazu gekommen! Sie werden sich, so möchte ich mir anzunehmen erlauben, an das ganze wissenschaftlich-praktische Lebenswerk dieses großen Mannes halten. Sie werden dabei, so hoffe ich, die Georgia Augusta, der Sie so herzlich willkommen sind, nicht ganz übergehen. Aber Sie werden sie auch kaum besonders hoch zu veranschlagen Ursache haben. Sie feiern einen Mann, dessen Werk unvergessen zu bleiben verdient, und das ehrende Gedenken wird zugleich eine Selbstbesinnung sein, zu der jede Disziplin immer neue Veranlassung hat.

Vorsitzender der Gesellschaft für Wirtschafts- und Sozialwissenschaften, Professor Dr. Walther G. *Hoffmann* (Münster):

Magnifizenz!

Spektabilitäten!

Meine Damen und Herren!

Gestatten Sie mir bitte, daß ich im Anschluß an die Begrüßung durch Seine Magnifizenz den geistigen Standort dieser Tagung etwas näher zu bestimmen versuche. In einer so tagungsfreudigen Zeit wie der unsrigen ist eine Legitimation dafür erforderlich, weshalb Gelehrte und Persönlichkeiten des öffentlichen Lebens zu einer derartigen Veranstaltung zusammenberufen werden. Der Anlaß liegt nun in der Tat weniger darin, die Persönlichkeit eines Johann Heinrich von Thünen als solche unserer Zeit wieder näher zu bringen oder wissenschaftsgeschichtlich das Werk aus seiner Zeit heraus verständlich zu machen. Ein derartiger Anlaß allein würde nicht der traditionsreichen Geschichte des Vereins für Socialpolitik seit 1872 entsprechen. Es geht vielmehr um die Aufgabe, an der Methodik und Fragestellung in der Wissenschaft von heute erkennen zu lassen, was Thünen eigentlich bedeutet. Der äußere Anlaß der 175. Wiederkehr seines Geburtstages erscheint so vielmehr eine willkommene Gelegenheit, um bestimmte, und zwar dringende Fachprobleme unserer Zeit zu erörtern. Daß dabei der Vorrang denjenigen Fragen gegeben wird, die Thünen bereits gesehen und in einem gewissen Umfange vielleicht auch beantwortet hat, mag die Kennzeichnung dieser Veranstaltung als „Thünen-Gedenkfeier" berechtigt erscheinen lassen. Diese Charakterisierung ist also gemeint in dem Sinne, daß gleichsam das geistige Erbe Thünens zum Gegenstand der Diskussion erhoben wird.

Dementsprechend soll am heutigen Morgen in zwei umfassenden Referaten deutlich werden, welche Einsichten wir Thünen in zwei großen Wissenschaftsbereichen verdanken. Ebenso soll das anschließende Streitgespräch der Fachvertreter am heutigen Nachmittag und morgen Vormittag der Erörterung einer Frage dienen, für die Thünen große Anregungen gegeben hat, deren Rahmen aber heute wesentlich weiter gespannt wird: Gemeint ist das Problem der „Räumlichen Ordnung der Wirtschaft", wenn ich den Gegenstand mit dem Buchtitel eines zu früh verstorbenen jungen Gelehrten auf diesem Gebiet umreißen darf. Abgesehen von den verteilungstheoretischen Problemen hat Thünen wohl durch diesen Aspekt ein besonderes Gewicht in der Wissenschaft bekommen. Wir wissen heute, daß der Begriff der Standortslehre agrarischen und industriellen Charakters zu eng ist für das, was wir mit dem Begriff der räumlichen Ordnung in der Wirtschaftswissenschaft meinen. Alfred Weber, der gerade in diesen Tagen aus unserer Mitte gerissen worden ist, hat dies sehr wohl gesehen, sich aber nach der Errichtung seines großen Gebäudes der „industriellen Standortslehre" wieder anderen Fragen zugewandt. So bleibt unserer Zeit irgendwie die Aufgabe gestellt, nach den umfangreichen Bemühungen um eine Analyse der Wirtschaft im zeitlichen Ablauf, sie auch in ihrer räumlichen Interdependenz verständlich zu machen. Der Hinweis auf die Zusammenhänge etwa zwischen Finanz- und Sozialpolitik einerseits und regionaler Einkommensstreuung andererseits oder der Hinweis auf die Probleme der Entwicklungsländer mag genügen, um die wirtschaftspolitische Tragweite dieser Fragestellung zu zeigen. Was lag näher, als eine derartige Diskussion mit dem Namen Johann Heinrich von Thünens zu verknüpfen.

Da nun diese eigentliche „Fachtagung" aus zeitlichen Gründen auf ein großes Thema beschränkt werden mußte, Thünens Leistung aber sicher nicht geringer ist auf dem Gebiet der Agrarökonomie, schien es geboten, auch diesen Wissenschaftsbereich in die Tagung einzubeziehen. Infolgedessen begrüßt der Vorstand der Gesellschaft für Wirtschafts- und Sozialwissenschaften es außerordentlich, daß gleich bei der ersten Fühlungnahme mit der Landwirtschaftlichen Fakultät der Universität Göttingen sich ein so weitgehendes Einverständnis ergab, daß schließlich eine Mitträgerschaft der gesamten Veranstaltung daraus wurde. Das, was Thünen in seiner Person vereinte, nämlich die Beherrschung der Agrarökonomik nach dem damaligen Stand der Forschung neben der souveränen Meisterung ökonomisch-theoretischer Probleme überhaupt, mag so heute in der Gemeinsamkeit der Trägerschaft der Tagung zum Ausdruck kommen! Mit dieser sachlichen Entscheidung war praktisch auch der Ort der Tagung gegeben; denn abgesehen von der Eignung Göttingens im allgemeinen, hat Thünen immerhin zwei Semester lang in dieser Stadt Landwirtschaftswissenschaft und Rechtswissenschaft studiert. Mit der Wahl des Tagungsortes Göttingen mag also auch zum Ausdruck gebracht werden, daß damit ein großer Schüler sowohl der Landwirtschaftlichen Fakultät wie der Rechts- und Staatswissenschaftlichen Fakultät dieser Universität geehrt werden soll. Selbst wenn man die von Magnifizenz Weber erwähnte Tatsache berücksichtigt, daß der junge Studiosus sich hier in Wirklichkeit mit Philosophie beschäftigt hat, statt mit den genannten Fächern, so dürfte die Ehrung Thünens deswegen in Göttingen nicht in Frage gestellt werden. Aber auch dadurch, daß die landwirtschaftliche Betriebslehre neben der Wirtschaftswissenschaft zu Wort kommt, ist nur ein Teilbereich des Wirkens von Thünens herausgestellt. Diese Beschränkung erscheint nun insofern gerechtfertigt, als die Gesellschaft für Geschichte des Landvolks und der Landwirtschaft am 24. und 25. Juni dieses Jahres in Oldenburg eine Veranstaltung durchführt, bei der nicht nur dem Gedenken der Persönlichkeit, sondern auch der Würdigung zahlreicher sonstiger Leistungen Thünens gebührend Raum gewidmet wird. Diese Abstimmung zwischen beiden Gesellschaften wird sicher allgemein begrüßt werden, und ich möchte im besonderen Herrn Kollegen Franz als Vorsitzenden für die verständnisvolle Zusammenarbeit danken.

Meine Damen und Herren! Es bleibt mir nur noch die angenehme Pflicht, allen denen zu danken, die zu dieser Tagung beizutragen sich bereiterklärt haben. Ich danke im besonderen Ew. Magnifizenz als Hausherrn für die Gastfreundschaft, ferner für die liebenswürdigen Worte der Begrüßung sowie für die Bereitwilligkeit, alle Teilnehmer dieser Tagung am heutigen Abend zu empfangen. Ich danke den Herren Vortragenden Professor Schneider, Professor Woermann, Professor Leontief und Professor Giersch. Niemand unter den Fachkollegen wird es mir dabei verübeln, wenn ich Herrn Kollegen Wassily Leontief von der Harvard Universität ein besonders herzliches Willkommen entbiete. Denn es dürfte innerhalb der Fachwissenschaft der jüngsten Gegenwart wenig Namen geben, die über den Erdball hinweg von West und Ost so häufig genannt werden, wie der von Wassily Leontief. Nicht umsonst wird in der Literatur immer wieder der Bogen gespannt von François Quesnay bis Leontief! Schließlich danke ich aber auch all den Teilnehmern für ihr großes Interesse an diesem Gegenstand. Ich denke dabei einmal an eine Reihe von ausländischen Kollegen, die den Weg nach Göttingen nicht gescheut haben, so vor allem unsere österreichischen und Schweizer Freunde. Ich denke aber darüber hinaus im besonderen auch an die Persönlichkeiten des öffentlichen Lebens, die sich wenigstens für die Morgenstunden freigemacht haben, um das Wirken eines großen deutschen Gelehrten bis in die Gegenwart mit uns zu verfolgen. Denn gerade Thünen hat seine Erkenntnisse nicht nur in der Studierstube gewonnen, ebensowenig wie Thünen nur durch das geschriebene Wort wirken wollte! Ich darf daher mit besonderer Genugtuung wenigstens einige dieser Teilnehmer namentlich begrüßen:

Als Vertreter der Landesregierung Herrn Staatssekretär von Grohmann, ferner
Herrn Staatssekretär Sonnemann und schließlich
den Oberbürgermeister der Stadt Göttingen, Herrn Professor Dr. Jungmichel.

Indem ich alle Anwesenden aufrufe, zu einem fruchtbaren Verlauf dieser Tagung beizutragen, erkläre ich die Veranstaltung für eröffnet und darf den verehrten Kollegen Schneider bitten, das Wort zu ergreifen.

Johann Heinrich von Thünen und die Wirtschaftstheorie der Gegenwart [1]

Von Professor Dr. Dr. h. c. Erich *Schneider* (Kiel):

Wir haben uns heute zusammengefunden, um im Jahre der 175. Wiederkehr des Geburtstages Johann Heinrich von Thünens des Lebenswerkes dieses vielleicht größten Theoretikers unseres Faches zu gedenken, den Deutschland hervorgebracht hat. Daß dieses einen wirklichen Wendepunkt in der Entwicklung der ökonomischen Theorie darstellende Werk unser unverlierbarer Besitz geworden ist, verdanken wir eigentlich nur dem Drängen der Freunde Thünens.

Nachdem nach 10-jähriger Arbeit der große Wurf gelungen war, hatte die Publikation des „Isolierten Staates" für ihn selbst jeden Reiz verloren. Er fühlte, daß diese Schrift von der Mehrheit der Leser nicht verstanden und von einem anderen Teil, deren Lehren dadurch entkräftet und widerlegt wurden, angefeindet werden würde. In der Tat war die Aufnahme des 1826 in Hamburg veröffentlichten ersten Teiles des „Isolierten Staates" trotz mancher Anerkennung für den Autor eine Enttäuschung. Mit einer an Bitterkeit grenzenden Klage schreibt Thünen an seinen Bruder:

„Es scheint mir fast, daß es für das Publikum kein Bedürfnis ist, über die Gegenstände, die mich von jeher am lebhaftesten interessiert haben, zur Klarheit zu gelangen. Wenigstens ist unter allen Rezensionen meiner Schrift keine einzige, so lobend sie auch sein mögen, die in das eigentliche Wesen derselben eingegangen ist und durch gerechten Tadel mich gefördert und zum Weiterarbeiten gereizt hat. Dem Freund und Bruder, der mich kennt, darf ich dies wohl sagen, ohne daß er Anmaßung darin findet."

---

[1] Alle Zitate aus „Der isolierte Staat" beziehen sich auf die Waentig-Ausgabe in der Sammlung sozialwissenschaftlicher Meister, Jena 1930.

Sein Freund Staudinger tröstet ihn mit den Worten: „Dein Werk ist dieser Generation, die nur weiche Speise in Brei- und Ragoutgestalt vertragen kann, zu stark und kräftig. Es wird aber eine Zeit kommen, wo man mit Begierde aus seinen reichhaltigen Minen das gediegene edle Metall zu Tage fördern wird."

Hat sich Staudingers Prophezeiung bewahrheitet? Haben wir die Botschaft dieses Meisters verstanden? Ist sie unser selbstverständliches und unverlierbares Eigentum geworden, oder gilt auch heute noch Schumpeters Urteil aus dem Jahre 1914, daß Thünen fast gar nicht gewirkt hat? Suchen wir — um weiter mit Schumpeter zu sprechen — auch heute noch „im unklaren Gefühl seiner Bedeutung sein Verdienst in allen möglichen Nebendingen, sogar in den in seinem Werk enthaltenen Betriebsrechnungen"[2]?

Nur eine Würdigung der wirtschaftstheoretischen Leistungen Thünens, und zwar der Leistungen, die er selbst als zentral ansah, aus der Sicht unserer Tage vermag die Antwort auf diese Frage zu geben.

1. Thünen hat selbst keinen Zweifel darüber gelassen, was er selbst als das Wichtigste in seinem Werk angesehen wissen wollte. Im Vorwort zum „Isolierten Staat" schreibt er:

„Noch bitte ich die Leser, die dieser Schrift ihre Zeit und Aufmerksamkeit schenken wollen, sich durch die im Anfang gemachten, von der Wirklichkeit abweichenden Voraussetzungen nicht abschrecken zu lassen, und diese nicht für willkürlich und zwecklos zu halten. Diese Voraussetzungen sind vielmehr notwendig, um die Einwirkung einer bestimmten Potenz — von der wir in der Wirklichkeit nur ein unklares Bild erhalten, weil sie daselbst stets im Konflikt mit andern gleichzeitig wirkenden Potenzen erscheint — für sich darzustellen und zum Erkennen zu bringen.

Diese Form der Anschauung hat mir im Leben über so viele Punkte Licht und Klarheit gegeben und scheint mir einer so ausgedehnten Anwendung fähig, daß ich sie für das Wichtigste in dieser ganzen Schrift halte."

Betrachten wir diese Methode etwas genauer. Thünen stellt die Frage, wie sich bei konsequenter Bewirtschaftung, d. h. bei Streben nach maximalem Reinertrag, der Ackerbau mit der Änderung der Kornpreise ändern wird. Diese Frage beantwortet Thünen in höchst origineller Weise, indem er den Einfluß der Höhe der Getreidepreise auf den Landbau räumlich darstellt: „Wenn man von dem Preise, den das

---

[2] J. *Schumpeter*, Epochen der Dogmen- und Methodengeschichte. Grundriß der Sozialökonomik I, Tübingen 1914, S. 55.

Getreide in der Stadt hat, wohin dasselbe geliefert wird, den Betrag der Transportkosten abzieht, so ergibt sich daraus der Wert, den das Getreide auf dem Gute selbst hat. Mit der größeren Entfernung vom Marktplatz steigen die Transportkosten, und der Wert des Korns auf dem Gute selbst nimmt ab. Die zunehmende Entfernung vom Marktplatz wirkt also wie ein Sinken des Getreidepreises bei gleichbleibender Entfernung" (S. 404). Die ursprüngliche Fragestellung ist also mit folgendem Problem äquivalent: „Wie muß mit der größeren oder geringeren Entfernung von der Stadt, d. h. vom Verbrauchszentrum sich die Form der Wirtschaft, d. h. die Bewirtschaftungsweise ändern, wenn der Boden den höchsten Reinertrag geben soll?" Aus dieser Transformation der Fragestellung ist, wie Thünen selbst sagt (S. 404), der isolierte Staat entstanden.

Aus der Erfahrung heraus läßt sich — so sagt Thünen — die gestellte Frage nicht beantworten; „denn in der Wirklichkeit treten uns überall Ungleichheit des Bodens, ungleicher Reichtum desselben, Einwirkung schiffbarer Flüsse usw. entgegen, und in den Wirtschaften, die wir in verschiedenen Entfernung von den großen Handelsstädten erblicken, spricht sich — die Konsequenz der Bewirtschaftung vorausgesetzt — der Einfluß aller dieser Potenzen vereint aus.

Um die Wirksamkeit der einen Potenz — der Entfernung vom Marktplatz — von dem Konflikt mit der Wirksamkeit der anderen Potenzen zu befreien und dadurch zum Erkennen zu bringen, haben wir eine große Stadt ohne schiffbaren Fluß in einer Ebene von durchaus gleichartigem und gleich fruchtbarem Boden annehmen müssen.

Diese Geistesoperation ist analog dem Verfahren, welches wir bei allen Versuchen in der Physik wie in der Landwirtschaft anwenden, wo wir nämlich nur die eine zu erforschende Potenz quantitativ steigern, alle übrigen Momente aber unverändert lassen" (S. 405). Thünen zeigt dann, wie sich unter den genannten Voraussetzungen die Bewirtschaftungsweise mit der Entfernung von der Stadt ändert, wobei als Nebenprodukt der Durchführung einer Wirtschaftlichkeitsrechnung die Thünensche Standorttheorie anfällt[3], die auch heute noch die Grundlage moderner Entwicklungen bildet.

Dieses Ergebnis ist indessen, wie Thünen ausdrücklich hinzugefügt hat, unvollständig. Die Untersuchung muß durch eine entsprechende Analyse anderer Einflußfaktoren ergänzt werden; und zwar muß der Einfluß jedes Faktors für sich untersucht werden. „Ebenso wird man die Größe des Einflusses der anderen noch mitwirkenden Potenzen, als die Änderung der Qualität des Bodens bei veränderter Tiefe der

---

[3] Siehe hierzu auch: Hans *Neisser*, Der Gegensatz von „anschaulich" und „rational" in der Geschichte der Volkswirtschaftslehre. Archiv für Sozialwissenschaft und Sozialpolitik, 1931, 65. Band, 2. Heft, S. 230.

Krume, die mit der tieferen Krume verbundenen größeren Kosten des Pflügens usw. einzeln und getrennt von allen anderen zum Gegenstand von Versuchen und Beobachtungen machen müssen, um jene Aufgabe vollständig zu lösen" (S. 409).

Doch „ohne die Annahme eines gleichen Bodenreichtums wäre die Untersuchung, wie die Entfernung von der Stadt an sich, d. i. ohne Einwirkung anderer Potenzen wirkt, gar nicht zu führen gewesen und wäre verwirrend statt aufklärend geworden" (S. 414).

„Wie in einer Funktion, die mehrere veränderliche Größen enthält, durch Auffindung und Substituierung des Wertes der einen Größe der Wert der Funktion selbst noch unbestimmt bleibt und diese Bestimmtheit erst dann erhält, wenn alle veränderlichen Größen entfernt sind — so auch hier" (S. 414).

Mit nicht zu überbietender Klarheit und Eindringlichkeit wird hier zunächst die Notwendigkeit der Modellbildung für die Erkenntnis der Wirklichkeit vor Augen geführt. „Nur in der Befreiung des Gegenstandes von allem Zufälligen und Unwesentlichen zeigt sich mir die Hoffnung zur Lösung des Problems" (S. 402). Daß theoretische Analyse immer und überall ein Denken am Modell, d. h. an einem auf die wesentlichen Linien reduzierten Bild der Wirklichkeit, sein kann, haben natürlich auch alle Theoretiker vor Thünen gewußt. Aber nirgendwo wird die Arbeitsweise der Theorie so deutlich in allen Details vorgeführt, nirgendwo gibt ein Forscher seinem Leser einen so genauen Einblick in seine Werkstatt, wie das bei Thünen der Fall ist. Das Werk dieses Mannes ist geradezu ein Lehrbuch theoretischer Forschungsweise, in dem — man möchte versucht sein zu sagen — die Resultate fast gegenüber der Art der Forschung zurücktreten.

Und im Rahmen seiner Modellkonstruktion des isolierten Staates zeigt er nun mit größter Sorgfalt die Notwendigkeit und Fruchtbarkeit der Partialanalyse, die er mit virtuoser Meisterschaft handhabt. Thünen hatte zwar eine klare Vorstellung von der generellen Interdependenz aller ökonomischen Erscheinungen: „Wir haben es hier mit Potenzen zu tun, die in einer steten Wechselbeziehung zueinander stehen, und wovon keine einzige als gegeben angenommen werden darf. Dadurch aber wird unsere Untersuchung so schwierig und verwickelt — und es fragt sich, ob so viele Gleichungen gefunden werden können, als zur Bestimmung der unbekannten Größen erforderlich sind" (S. 532). Eben deshalb löst er den ökonomischen Gesamtzusammenhang in ein Netz von Teilzusammenhängen auf und beschränkt sich auf eine Analyse einzelner bedeutsamer Ausschnitte aus dem Gesamtgeschehen. Es ist kein Zufall, daß gerade Alfred Marshall — der Meister der Partialanalyse in der zweiten Hälfte des 19. Jahrhunderts — in ihm seinen eigentlichen Lehrer sieht:

„I have long ago forgotten Cournot; and I may be wrong. But my impression is that I did not derive so much of the substance of my opinions from him as from Thünen. Cournot was a gymnastic master who directed the form of my thought. Von Thünen was a bona fide mathematician, but of less power: his blunder as to the natural wage is not of the same order as Cournot's little slips. But, to make up, he was a careful experimenter and student of facts and with a mind at least as fully developed on the inductive as on the deductive side. Above all he was an ardent philanthropist ... And I loved von Thünen above all my masters. Professor Fisher has cared for Cournot. I would that someone would care for von Thünen[4]."

Ich wüßte keinen Klassiker zu nennen, der in seinen Werken so sehr in die Technik der Partialanalyse einführt wie Thünen. Bis ins betriebswirtschaftliche Detail stößt er vor, um die Rolle der wirtschaftlichen Einzelentscheidung im wirtschaftlichen Gesamtprozeß bloßzulegen, wobei er immer wieder den Leser davor warnt, bei der Übertragung von einzelwirtschaftlich gültigen Ergebnissen auf die Volkswirtschaft vorsichtig zu sein: „In der Erhebung dessen, was nur in der Beschränkung wahr ist, zur Allgemeinheit und in der unbedingten Anempfehlung dessen, was zufällig dem Einzelnen vorteilhaft geworden, liegt, wie die landwirtschaftliche Literatur nachweist, die Quelle großer Irrtümer" (S. 252). Und als Beispiel führt er an:

„Wenn ein einzelner Landwirt den Ertrag seines Bodens erhöht, oder einen neuen Kulturzweig, z. B. den Rapsbau, mit Vorteil einführt, so übt das Mehrerzeugnis, was er zu Markt bringt, keinen bemerkbaren Einfluß auf den Preis dieses Produktes aus. Wenn aber alle Landwirte eines großen Staates denselben Kulturzweig in gleicher Ausdehnung betreiben, so wird dadurch der Preis dieses Erzeugnisses wesentlich geändert" (S. 252).

Welche Klarheit und Tiefe der Einsicht in grundlegende Zusammenhänge offenbart sich hier! Schrieb doch noch A. Smith, daß im Ganzen einer Volkswirtschaft kaum Torheit sein könne, was in der Wirtschaftsführung eines Familienhaushalts klug ist. Aber vielleicht ist auch in diesem wichtigen Punkt das Denken Thünens durch die bei Smith vorhandenen Unklarheiten angeregt worden. Thünen bezeichnet ja Adam Smith ausdrücklich als seinen Lehrer in der Nationalökonomie (S. 401) und fügt hinzu, daß das, was in den Lehren von Smith und Thaer ihm unvollendet erschien und sein Bedürfnis nach klarer Einsicht nicht befriedigte, ihn zu eigener Forschung fortriß (S. 401). An anderer Stelle wiederholt er: „Indem nun meine Untersuchungen sich unmittelbar an die A. Smiths anschließen und da beginnen, wo

---

[4] Alfred *Marshall*, Memorials. Ed. by A. C. Pigou. London 1925. S. 359/360.

mir diese mangelhaft erscheinen, liegt es in der Natur der Sache, daß ich häufig beurteilend und berichtigend gegen A. Smith auftreten muß. Da andererseits das viele, worin ich mit A. Smith einverstanden bin, unerwähnt bleibt, so kann dies leicht den Anschein von Nichtanerkennen oder gar Überheben gewinnen.

Dies liegt aber sehr ferne von mir, und es kann nicht leicht jemand eine größere Verehrung für diesen Genius haben als der Verfasser dieser Schrift. Gerade darin, daß ich die Berichtigung und Erweiterung der Smithschen Lehren für eine Förderung der Wissenschaft halte und zum Gegenstand meiner Untersuchung mache, liegt ein Beweis der hohen Achtung, die ich für A. Smith hege" (S. 461). Immer fühlte er sich als Fortsetzer des Vorhandenen, niemals als ein revolutionärer Neuerer; und niemals fehlt die Verbeugung vor der Leistung der Vorgänger — auch das ein Ausdruck echter wissenschaftlicher Haltung: „Nachdem A. Smith über so viele Gegenstände des bürgerlichen Lebens Licht verbreitet und seinen Nachfolgern die Zeit und Mühe des eigenen Forschens hierüber erspart hat, sind diese, wenn auch minder begabt, verpflichtet, die Lücken, die er im Wissen gelassen, auszufüllen, und — neue Probleme in den Gesichtskreis zu bringen" (S. 462).

2. Thünen begnügt sich bei der Durchführung seiner Analysen indessen keineswegs mit der bloßen Modellkonstruktion und einer nur allgemeinen Ableitung der relevanten Zusammenhänge. Vielmehr versucht er zu einer numerisch verifizierbaren Theorie vorzudringen. Sein Ziel ist der Kalkül, und zwar der auf faktischen, nicht auf fingierten zahlenmäßigen Unterlagen basierende Kalkül im Rahmen einer an der Erfahrung nachprüfbaren Theorie. Thünens Werk lehrt uns, daß weder die Erfahrung allein noch die theoretische Spekulation allein Licht in das an sich unübersehbare Meer der Tatsachen bringen kann. Vielmehr bedarf die empirische Forschung immer des Wegweisers der Theorie, und die Theorie stets der ständigen Kontrolle durch die Erfahrung. Aber dazu braucht man Theorien, die „operationally meaningful" sind. In der Konstruktion solcher Theorien und in der intimen Verknüpfung von Theorie und Empirie ist Thünen ein leuchtendes Vorbild. Seinen Geist atmet heute die ökonomische Forschung in allen Ländern. Sein Werk ist Ökonometrie im besten Sinne des Wortes. Und es ist nur natürlich, daß sich Thünen bei seinen Überlegungen der Sprache der Mathematik bedient. Seine Probleme sind ohne mathematische Werkzeuge nicht zu bewältigen, weshalb er allen denjenigen, denen Buchstabenformeln lästig und unbequem sind, darunter selbst manchen Gelehrten, zuruft:

„Aber die Anwendung der Mathematik muß doch da erlaubt werden, wo die Wahrheit ohne sie nicht gefunden werden kann.

Hätte man in anderen Fächern des Wissens gegen den mathematischen Kalkül eine solche Abneigung gehabt, wie in der Landwirtschaft und der Nationalökonomie, so wären wir jetzt noch in völliger Unwissenheit über die Gesetze des Himmels; und die Schiffahrt, die durch die Erweiterung der Himmelskunde jetzt alle Weltteile miteinander verbindet, würde sich noch auf die bloße Küstenfahrt beschränken" (S. 569).

Auch in dieser, eigentlich nur darstellerisch relevanten Beziehung ist er ein Wegbereiter moderner Entwicklungen in unserem Fach gewesen, die heute selbstverständlich geworden sind.

3. Eng verknüpft mit diesen Aspekten seines Werkes ist die überall deutliche betriebswirtschaftliche Fundierung auch seiner volkswirtschaftlichen Fragestellungen. Dieser Mann weiß, daß es die Dispositionen der einzelnen Wirtschaftssubjekte sind, deren Realisierung den Ablauf des gesamtwirtschaftlichen Prozesses gestaltet. Für alle seine Theorien, für die Frage der Abhängigkeit der Bewirtschaftungsweise von den Preisrelationen, für seine Grundrententheorie, für seine Theorie der Einkommensverteilung sucht er deshalb eine sichere einzelwirtschaftliche Basis — eine Basis, die durch genaueste, bis ins letzte Detail gehende, sich über Jahre erstreckende empirische Aufzeichnungen auf dem eigenen Hof geschaffen und erprobt worden ist. Was Thünen in dieser Beziehung in 10-jähriger Arbeit an einzelwirtschaftlichen Beobachtungen zusammengetragen hat, ist eine Leistung, für die es in der Geschichte unserer Wissenschaft keine Parallele gibt.

4. Wenden wir uns nun von der Art und Weise, wie Thünen zu seinen Erkenntnissen gelangt, zu den Theorien selbst. In sämtlichen Überlegungen geht Thünen davon aus, daß der Landbau konsequent, d. h. mit dem Ziel, einen maximalen Reinertrag zu erwirtschaften, betrieben wird. Er stellt den Reinertrag als mathematische Funktion der relevanten Einflußfaktoren dar und fragt, welche Höhe diese Faktoren haben müssen, wenn der maximale Reinertrag erreicht werden soll. Die Behandlung dieses Problems führt ihn zu seiner größten Leistung — einer Leistung, die allein ausreichen würde, um ihm für immer einen Platz neben den Großen unserer Wissenschaft zu sichern. Sie führt diesen mathematisch geschulten Geist zur Einführung des marginalen Denkens in unsere Disziplin. Er hat damit unser analytisches Instrumentarium um ein Werkzeug bereichert, das sich als unerhört fruchtbar erwiesen hat. Thünen beschreibt die Quelle der Grenzanalyse und ihre Eigenart eingehend auf S. 410 bis 412:

„In der Differentialrechnung wird nämlich, wenn man von einer Funktion, die mehrere veränderliche Größen enthält, das Maximum des Werts sucht, bei der Differentiation zuerst nur die eine Größe als veränderlich, die anderen aber als konstant betrachtet, und nachdem man den für diese Größe — durch Gleichstellung ihres Differentials mit Null — gefundenen Wert in die Funktion gesetzt hat, wird die zweite veränderliche Größe der Differentiation unterworfen, der sich ergebende Wert derselben substituiert, und so fortgefahren, bis alle veränderlichen Größen aus der Funktion verschwunden sind.

Soll nun das erwiesen richtige Verfahren der Mathematiker auch für die Richtigkeit unserer Methode Beweiskraft haben, so muß nachgewiesen werden, daß wir, wie sie, ein Maximum zu finden streben und zum Gegenstand unserer Untersuchung machen.

In der Landwirtschaft besitzen wir durch vermehrte Sorgfalt in der Bestellung des Ackers, der Einerntung der Früchte usw., durch Ankauf von Dung, Gips, Knochenmehl, Guano usw., durch Auffahren von Mergel und Moder, durch Zuführung einer dem Acker mangelnden Erdart u.s.f. eine Menge Mittel nicht bloß den momentanen, sondern auch den dauernden Ertrag des Ackers zu steigern.

Wenn aber diese Verbesserungen mit einem Kostenaufwand erkauft werden, der den Wert des dadurch erlangten Mehrertrags übersteigt, so führen sie nicht bloß zum Ruin des Landwirts, der sie unternimmt, sondern vermindern auch das Nationalvermögen.

Nicht der höchste Rohertrag, sondern der höchste Reinertrag ist und soll das Ziel des Landwirts sein.

Fragen wir nun, wo ist die Grenze, bis zu welcher die Sorgfalt der Arbeit und die Bereicherung des Bodens getrieben werden darf, so lautet die Antwort:

1. Die Sorgfalt der Arbeit, z. B. beim Auflesen der Kartoffeln, darf nicht weiter gehen, als bis die zuletzt darauf gewandte Arbeit noch durch das Plus des Ertrags vergütet wird.

2. Die Bereicherung des Bodens muß konsequenterweise bis zu dem Punkt getrieben werden, aber auch da aufhören, wo die Zinsen der Kosten des Dungankaufs, oder statt dessen der Dungerzeugung, mit dem dadurch erlangten Mehrertrag ins Gleichgewicht treten.

Immer wird der auf diese Weise erlangte Mehrertrag durch einen Aufwand von Kapital und Arbeit erkauft, und es muß einen Punkt geben, wo der Wert des Mehrertrags dem Mehraufwand gleich wird — und dies ist zugleich der Punkt, bei welchem das Maximum des Reinertrags stattfindet.

Das Verfahren, was wir bei unseren Untersuchungen, wo die Ermittlung des höchsten Reinertrags das Ziel ist, anwenden, steht also mit der in der Mathematik bei der Ermittlung des Maximums des Werts einer Funktion mit mehreren veränderlichen Größen als richtig erwiesenen Methode im Einklang, und so wie der Mathematiker von den in einer Funktion enthaltenen veränderlichen Größen zuerst bloß die eine als veränderlich, die andere aber als konstant betrachtet und behandelt, so dürfen auch wir von den verschiedenen auf den Reinertrag einwirkenden und mit dem Kornpreise in Verbindung stehenden Potenzen erst die eine als allein wirkend, die andere aber als gleichbleibend oder ruhend ansehen und behandeln."

In den folgenden Abschnitten wird die Marginalanalyse an zahlreichen Beispielen immer von neuem entwickelt und in ihrer Fruchtbarkeit vorgeführt. In dem berühmten § 19 des zweiten Teiles wird das Theorem entwickelt, daß sich eine Ausdehnung der Produktion im Rahmen einer Unternehmung lohnt, solange der Wert des mehr erlangten Ertrags größer ist als die Grenzkosten. Thünen erläutert den Satz am Beispiel der Kartoffelernte und zeigt, wie — in unserer heutigen Sprache — die Lage des Cournotschen Punktes von der Höhe des Arbeitslohnes und dem Produktpreis abhängt und gelangt dann zu folgendem Schluß: „Da es im Interesse der Unternehmer liegt — diese mögen Landwirte oder Fabrikanten sein — die Zahl ihrer Arbeiter so weit zu steigern, als aus deren Vermehrung noch ein Vorteil für sie erwächst, so ist die Grenze dieser Steigerung da, wo das Mehrerzeugnis des letzten Arbeiters durch den Lohn, den derselbe erhält, absorbiert wird", wobei er der Genauigkeit halber noch hinzufügt, daß dieser Punkt im einzelnen Betrieb nicht genau getroffen werden kann, weil sich die Zahl der Arbeiter nicht um einen Bruchteil vermehren oder vermindern läßt (S. 572).

Aus diesem Grundtheorem folgen dann weiter folgende Sätze:
1. Eine Steigerung des Arbeitslohnes (bewirkt) bei gleichbleibendem Wert der Produkte eine Verminderung der anzustellenden Arbeiter und gleichzeitig eine Verringerung des Ertrags der einzusammelnden und auszudreschenden Früchte,
2. eine Steigerung des Werts der Produkte bei gleichbleibendem Arbeitslohn (hat) gerade die entgegengesetzte Wirkung, indem alsdann mehr Arbeiter mit Vorteil angestellt, und die Früchte sorgfältiger eingesammelt und reiner ausgedroschen werden können, also einen größeren Ertrag liefern (S. 572).

Sie erkennen in diesen Sätzen grundlegende Theoreme einer einzelwirtschaftlichen Theorie der Produktion und Beschäftigung, die in der präzisen Art der Formulierung und in der Art und Weise ihrer Ableitung ganz unserer Zeit angehören.

Oder hören Sie ein ähnliches Räsonnement aus einem ganz anderen Gebiet, der Theorie der Investition:

„Wie nützlich auch ein Instrument oder eine Maschine sein mag, immer gibt es eine Grenze, wo die Vervielfältigung derselben aufhört, nützlich zu sein und eine Rente abzuwerfen.

Ist diese Grenze einmal erreicht, so muß die kapitalerzeugende Arbeit sich auf die Hervorbringung anderer Wertgegenstände richten, wenn diese auch minder nützlich sind, und eine geringere Rente tragen als die früher hervorgebrachten.

Der kapitalerzeugende Arbeiter wird also, sein eigenes Interesse berücksichtigend und verfolgend, seine Arbeit zuerst auf die Verfertigung solcher Werkzeuge und Maschinen richten, die seine Kraft am meisten beflügeln, seiner Arbeit den höchsten Erfolg verschaffen; dann aber, wenn diese in genügender Menge vorhanden sind, seine Arbeit der Produktion von Gerätschaften und Maschinen zuwenden, die auch sehr nützlich, aber doch minder wirksam sind und die Arbeit minder fördern als die zuerst hervorgebrachten — wofür er also auch beim Ausleihen mit einer geringeren Rente vorlieb nehmen muß.

Hier offenbart sich der Grund der für unsere fernere Untersuchung so wichtigen Erscheinung; daß jedes in einer Unternehmung oder einem Gewerbe neu angelegte, hinzukommende Kapital geringere Renten trägt als das früher angelegte.

Diese Erscheinung zeigt sich auch überall im praktischen Leben, wo nicht die Jahresarbeit, sondern das Geld Maßstab des Kapitals ist. Sehr klar läßt sich dies bei Meliorationen auf einem Landgut wahrnehmen, wo die ersten zu Verbesserungen, z. B. zum Mergeln, verwandten tausend Taler 15 %/o bringen können, während die zweiten tausend Taler vielleicht nur 10 %/o, diese dritten nur noch 5 %/o tragen, und wo man bei weiter fortgeführten Kapitalanlagen, z. B. bei Vertiefung der Ackerkrume über einen gewissen Punkt hinaus, nur 3, 2 oder gar nur 1 %/o Zinsen erhält.

Ein „Detailhändler oder auch ein Fabrikant", der seine Waren in der Nähe seines Wohnorts absetzt und ein Kapital von 10 000 Taler in seinem Geschäft zu 5 %/o benutzt, kann ein hinzukommendes Kapital von 1000 Taler nur dann anwenden, wenn sein Absatz sich vergrößert, wenn er die Waren in einem weiteren Kreise um seinen Wohnsitz herum absetzt.

Dies kann er aber bei sonst gleichbleibenden Umständen nur dadurch erreichen, daß er den Preis seiner Waren herabsetzt — was aber eine Verminderung der Nutzung des zuletzt angelegten Kapitals zur Folge hat" (S. 493/494).

Liegt hier nicht eine an Klarheit nichts zu wünschen übrig lassende Formulierung des Satzes von der notwendigen Abnahme des marginalen Zinssatzes in Grenzinvestitionen vor? Aus diesem Erfahrungssatz von der abnehmenden Marginaleffizienz des Kapitals wird dann weiter der Satz abgeleitet, daß sich die Fortsetzung einer Investition in einer bestimmten Richtung solange lohnt, bis der marginale Zinssatz in der Grenzinvestition dem Zinsfuß des Marktes gleich ist — ein Satz, der in dieser Klarheit erst wieder bei Jevons auftaucht.

5. Im Grunde sind alle diese von Thünen gestellten Probleme und vorgeführten Argumentationen und Kalküle Wirtschaftlichkeitsrechnungen. Das ganze Lebenswerk dieses Mannes zielt darauf ab, der Landwirtschaft und auch den Gewerbetreibenden klar zu machen, daß es auf die Frage: Was ist wirtschaftlich? Lohnt sich diese oder jene Maßnahme? keine für alle Völker und Zeiten gültige Antwort gibt, daß vielmehr die Entscheidung wesentlich von den Relationen zwischen Güterpreisen und Faktorpreisen abhängt. „Immer noch — so klagt er auf S. 575/576 — will das alte Phantom, als gäbe es ein für alle Entwicklungsstufen der menschlichen Gesellschaft gültiges Ideal der Landwirtschaft, als sei jedes niedere Wirtschaftssystem, jede extensive, arbeitsparende Wirtschaft ein Beweis von der Unwissenheit der praktischen Landwirte — aus unseren landwirtschaftlichen Schriften nicht weichen." Und er zeigt an einem Vergleich zwischen Deutschland und Nordamerika, daß das, was in einem Land ökonomisch sinnvoll ist, in einem anderen Land mit völlig unterschiedlichen Lohn-Preisrelationen keineswegs ökonomisch ist. Im zweiten Teil des „Isolierten Staates" werden diese Wirtschaftlichkeitsrechnungen mit den Mitteln der Marginalanalyse durchgeführt. Im ersten Teil dagegen bedient sich Thünen der Methode der kritischen Werte. Er stellt die Landrente bei verschiedenen Bewirtschaftungssystemen (Koppelwirtschaft und Dreifelderwirtschaft) als Funktion des Kornpreises dar und bestimmt den Preis, bei dem beide Bewirtschaftungssysteme die gleiche Landrente abwerfen. Dieser kritische Preis trennt dann das Preisintervall, in dem die Koppelwirtschaft eine höhere Landrente als die Dreifelderwirtschaft abwirft, von dem Preisbereich, in dem die Verhältnisse umgekehrt liegen. „Es findet also kein absoluter Vorzug der Koppelwirtschaft vor der Dreifelderwirtschaft statt; sondern es wird durch die Getreidepreise bedingt, ob dieses oder jenes Wirtschaftssystem in der Anwendung vorteilhaft ist" (S. 121). „Es muß einen gewissen Getreidepreis geben, bei welchem das Land durch Koppelwirtschaft ebenso hoch als durch Dreifelderwirtschaft genutzt wird. Diesen Preis findet man, wenn man die Landrente beider Wirtschaftsarten gleich setzt" (S. 121). Die hier von Thünen benutzte Methode ist die gleiche wie das Verfahren, das wir heute benutzen, um zu entscheiden, wann eine bestimmte Produktionsmethode einer anderen Produktionsmethode überlegen ist. Seine Hauptthese, die er mehrfach in seiner Argumentation wiederholt: „Dies mag wohl zur Warnung dienen, keine Wirtschaft aus fremden Ländern nachzuahmen und bei sich einzuführen, wenn man nicht alle Verhältnisse, worin diese ihre Begründung findet, klar überschaut" (S. 151) ist eine der

zentralen Thesen jeder Wirtschaftlichkeitsrechnung, auf die auch heute noch nicht oft genug mit Nachdruck hingewiesen werden kann.

6. Es versteht sich von selbst, daß im Rahmen derartiger Überlegungen notwendig die Frage auftauchen muß, was denn nun die Höhe der Güterpreise und des Lohnsatzes, deren Relation ja für die Bewirtschaftungsweise entscheidend ist, bestimmt. Die Frage nach den Determinanten der Höhe der Getreidepreise beantwortet Thünen im wesentlichen in der gleichen Weise wie Adam Smith (S. 225 ff. und S. 527 ff.). Jedoch sind seine Überlegungen präziser und klarer als bei diesem Denker. Insbesondere hat er eine viel klarere Vorstellung von dem Begriff der kurzfristigen und langfristigen Wirkungen von Datenänderung sowie vom Begriff des Beharrungszustandes eines ökonomischen Systems: „In dem isolierten Staat ist der verharrende Zustand Grundlage der Betrachtung" (p. 419). „Wir haben stets den endlichen Erfolg, also das erreichte Ziel, vor Augen gehabt. Mit dem erreichten Ziel tritt Ruhe und damit der beharrende Zustand ein — und hier erblicken wir Gesetzmäßigkeit, während in der Übergangsperiode manches uns als ein unentwirrbares Chaos erscheint. Der beharrende Zustand kann aber aus folgenden Gründen in der Wirklichkeit nicht stattfinden." Thünen entwickelt jetzt diese Gründe und fährt dann fort: „Aber trotz dieser Wandelbarkeit liegt in dem einzelnen, was wir der Betrachtung unterziehen der Keim zu einer bestimmten ... Entwicklung, und wie wir wissen, welcher Baum aus der in die Erde gelegten Eichel einst hervorgehen wird, so können wir auch hier die aus der Entwicklung des Keims entsprossende Frucht — den endlichen Erfolg — unter der Voraussetzung, daß keine störenden Einwirkungen stattfinden, im Voraus erkennen und im Geiste anschauen. Hierin aber liegt die Berechtigung, bei unseren Untersuchungen den beharrenden Zustand ins Auge zu fassen und zu Grunde zu legen.

Die durch diese Methode erlangte Erkenntnis kann aber wesentlich dazu beitragen, über die verwirrenden Erscheinungen während der Entwicklung und des Übergangs Licht zu verbreiten (p. 432)."

Auf S. 338 heißt es: „Die Wirkung, welche eine Abgabe bei ihrer ersten Einführung äußert, muß von der, welche sie in ihrem letzten Erfolg hervorbringt, genau geschieden werden, weil zwischen beiden ein großer Unterschied stattfindet."

Ebenso ist bei ihm bereits mit aller Klarheit der später bei Marshall so bedeutsame Begriff der representative firm vorhanden:

„Derjenige Reinertrag, den ein Gut in der landüblichen Wirtschaft, bei einer gewöhnlichen, weder ausgezeichnet großen noch geringen

Tätigkeit und Kenntnis des Bewirtschafters gibt oder geben kann, dient zur Norm für die Bestimmung der Landrente" (S. 347/348).

So bedeutsam diese Aspekte des Thünenschen Werkes auch sind, so werden sie doch weit überschattet von seinen Gedanken über den Arbeitslohn und über das Verteilungsproblem. Es ist hier nicht möglich, die Thünensche Theorie des Arbeitslohnes, der er selbst so hohe Bedeutung zumaß, zu entwickeln und zu analysieren und die, worauf Schumpeter mit Recht hinweist, unter ihren Voraussetzungen völlig korrekt ist. Wichtiger ist die Stellung der Lohntheorie im Rahmen des Verteilungsproblems. Was Thünen hier zu bieten hat, ist ein Weg zur Lösung des Problems, der erst später von den Österreichern, Wicksell u. a. weiter verfolgt wurde und die Ideen der Nationalökonomen bis auf unsere Tage beflügelt hat:

„Das Kapital — so sagt er auf S. 584 ff. — ist an sich ein Totes, und vermag ohne die bewegende Kraft des Menschen nichts hervorzubringen.

Ebensowenig aber vermag in unserem europäischen Klima der mit keinem Kapital — Kleidung, Lebensmitteln, Gerätschaften usw. — versehene Mensch etwas hervorzubringen.

Das Arbeitsprodukt ist das gemeinschaftliche Erzeugnis von Arbeit und Kapital.

Wie ist hier nun der Anteil, den diese beiden Faktoren, jeder für sich an dem gemeinschaftlichen Produkt haben, zu ermessen?

Die Wirksamkeit des Kapitals haben wir ermessen an dem Zuwachs, den das Arbeitsprodukt eines Mannes durch Vergrößerung des Kapitals, womit er arbeitet, erlangt. Hier ist die Arbeit eine konstante, das Kapital aber eine veränderliche Größe.

Wenn wir dies Verfahren beibehalten, aber umgekehrt das Kapital als gleichbleibend, die Arbeiterzahl als wachsend betrachten, so muß auch bei einem Betrieb im großen die Wirksamkeit der Arbeit durch den Zuwachs, den das Gesamtprodukt durch die Vermehrung der Arbeiter um einen erhält, der Anteil des Arbeiters an dem Produkt zu unserer Kenntnis gelangen."

Hier wird das Fundament zu der auf dem Grenzproduktivitätsgedanken basierenden Verteilungstheorie gelegt, das im weiteren Verlauf der Untersuchungen weiter ausgebaut wird.

Die Untersuchungen zum Verteilungsproblem sind bei diesem Mann, der „die exakteste Methode mit dem menschenfreundlichsten Herzen verband" (Rodbertus), indessen nicht Selbstzweck. Sie haben ihre Wurzel in einer tiefen Sorge um die Zukunft der menschlichen Gesellschaftsordnung: „In unserer Zeit aber, wo die Arbeiter mehr und mehr zum Bewußtsein über ihre Lage und ihre Rechte gelangen, und künftig mit unwiderstehlicher Macht an der Gestaltung des Staats und der Gesellschaft teilnehmen werden — jetzt wird die Frage über die naturgemäße Verteilung des Einkommens zu einer Lebensfrage für das Fortbestehen der Staaten und der bürgerlichen Gesellschaft" (S. 460). Und deshalb führten ihn alle seine nationalökonomischen Studien immer auf die Frage zurück: „Welches ist das Gesetz, wonach die Verteilung des Arbeitserzeugnisses zwischen Arbeiter, Kapitalisten und Grundbesitzer naturgemäß geschehen soll?" (S. 435). „Die Erforschung dieses Gesetzes bietet nicht bloß ein nationalökonomisches Interesse dar, sondern hat auch eine sehr ernste moralische Beziehung. Man kann von dem redlichsten Willen, seine Pflicht zu erfüllen, beseelt sein, und doch anderen großes Unrecht tun — wenn man nicht weiß und nicht erkennt, was Pflicht ist.

In dem Begriff von dem, was Pflicht gegen die Arbeiter ist, was dem Arbeiter als Lohn zukommt, welche Forderungen des Arbeiters man als ungerecht zurückweisen darf — in allen diesen herrscht die freieste Willkür, und jeder kann sich dies beantworten, wie es ihm bequem ist" (S. 436). Die Wissenschaft gibt keine Antwort auf diese Frage. Adam Smith sagt: „dasjenige Maß des Arbeitslohns, das an einem gewissen Orte, zu einer gewissen Zeit das gewöhnliche ist, kann an diesem Orte, zu dieser Zeit für das natürliche angesehen werden."

Das Bestehende aber ist im Laufe der Zeit dem steten Wechsel unterworfen, und man muß fragen:

„Welches Bestehende ist denn das Rechte, das Naturgemäße?" (S. 459/460).

Thünens Arbeit ist der erste großartige Versuch, das Verteilungsproblem aus der Sphäre der Macht und der Ideologie herauszulösen und einen objektiven, wissenschaftlichen Maßstab für die Verteilung des Sozialprodukts zu finden; und was er uns bietet ist heute noch lesenswert und zukunftsträchtig. Man braucht nur den im Jahre 1842 geschriebenen Abschnitt über die Unklarheit des Begriffs vom natürlichen Arbeitslohn und den im Jahre 1826 verfaßten Paragraphen „über das Los der Arbeiter; ein Traum ernsten Inhalts" zu lesen, um sich davon zu überzeugen.

7. Es ist nicht möglich, im Rahmen dieser Feierstunde das Lebenswerk Thünens in seiner Bedeutung für die Wirtschaftswissenschaft in allen Einzelheiten zu verfolgen. Nur die zentralen Beiträge zur Wirtschaftstheorie konnten hier aufgezeigt werden. Sie tragen alle den Stempel des Genius. Wo immer heute Wirtschaftstheorie getrieben wird, haben sein Denken, seine Arbeitsmethoden, seine Fragestellungen befruchtend bis auf den heutigen Tag gewirkt — auch da, wo sein Name in

Vergessenheit geraten zu sein scheint. Thünen *hat* gewirkt. Heller als je strahlt heute sein Werk. Vieles von dem, was uns jetzt selbstverständlich ist, geht auf ihn zurück. Aber noch immer nicht sind alle Schätze, die in seinem Werk verborgen sind, gehoben. Um sie zu finden, muß man allerdings den „Isolierten Staat" oft und genau lesen. Erst dann erschließt sich dieses monumentale Werk in seiner ganzen Tiefe. In einem Brief an von Voght schreibt sein Zeitgenosse Wulffen: „Das jüngste Werk des Herrn von Thünen ist eine der glänzendsten Erscheinungen unserer Literatur. Ich kenne kein Buch, welches ich dreimal in ununterbrochener Folge nacheinander hätte lesen können. Nur bei diesem ist mir das Interesse an demselben immer gewachsen ... Es bleibt stets ein Muster der Methode, wie man wissenschaftliche Untersuchungen dieser Gattung anstellen soll. Mit einem Wort: Thünen hat mit diesem Werke das innerste Tor unserer Wissenschaft geöffnet und seinen Namen dadurch im Tempel der Unsterblichkeit eingeschrieben." Und W. Roscher schreibt in seiner „Geschichte der Nationalökonomie in Deutschland" (München 1874; S. 902): „Sollte unsere Wissenschaft jemals sinken, so gehören die Werke Thünens zu denjenigen, an welchen sie die Möglichkeit hat, sich wieder aufzurichten." Gibt es eine größere Anerkennung für einen Forscher? So wie wir uns heute vor diesem Lebenswerk verneigen und seine Botschaft erneut dankbar entgegennehmen, so werden kommende Geschlechter aus der Klarheit seines Geistes und aus der Reinheit seines Herzens Erleuchtung und Kraft schöpfen.

Johann Heinrich von Thünen und die landwirtschaftliche Betriebslehre der Gegenwart [1]

Von Professor Dr. Dr. h. c. Emil *Woermann* (Göttingen):

Das Hauptwerk Thünens „Der Isolierte Staat in Beziehung auf Landwirtschaft und Nationalökonomie" enthält zwar kein geschlossenes System der landwirtschaftlichen Betriebslehre, entwickelt aber Anschauungen und Arbeitsweisen, die noch heute zum unentbehrlichen Rüstzeug agrarökonomischer Forschung gehören. Es soll daher Aufgabe unserer feiernden Betrachtung sein, die in seinem Werk enthaltenen Ideen und Ergebnisse zu verknüpfen mit den Theorien der Wirtschaftslehre des Landbaus der Gegenwart.

---

[1] Erscheint gleichzeitig unter dem Titel „Thünens Bedeutung für die Agrarökonomie" in der „Zeitschrift für Agrargeschichte und Agrarsoziologie".

I.

Die landwirtschaftliche Betriebslehre ist eine verhältnismäßig junge Disziplin, als selbständiger Zweig der Wissenschaft vom Landbau kaum älter als der Mann, den wir heute feiern. Solange die Landwirtschaft noch vorwiegend hauswirtschaftlichen Charakter trug und vornehmlich auf Selbstversorgung eingestellt war, fanden die Betriebsweisen im Landbau nur technisches und hauswirtschaftliches Interesse. Die sog. Hausväterliteratur des 17. und der ersten Hälfte des 18. Jahrhunderts, die in Johann Coler ihren hervorragendsten Vertreter fand, trägt insofern ein einheitliches Gepräge, als in ihr der Gedanke des Familienlebens vorherrscht und der landwirtschaftliche Betrieb als erweiterte Haushaltung aufgefaßt wird. Die landwirtschaftlichen Schriftsteller der damaligen Zeit begnügten sich damit, Erfahrungen zu sammeln, diese systematisch zu ordnen und daraus Regeln für die Führung landwirtschaftlicher Betriebe abzuleiten.

Das wurde erst anders, als sich die Landwirtschaft in der zweiten Hälfte des 18. Jahrhunderts bei wachsender Bevölkerung und fortschreitender volkswirtschaftlicher Arbeitsteilung vor neue Aufgaben gestellt sah und der Übergang von rein empirischen zu rationelleren Betriebsweisen vollzogen werden mußte. Diesen Bestrebungen stellten sich große Schwierigkeiten entgegen: Die naturwissenschaftlichen Erkenntnisse standen erst in ihren Anfängen; die Gesetze, die das Leben und Gedeihen der Pflanzen und Tiere beherrschen, waren noch wenig erforscht, und die agrarrechtlichen Verhältnisse hemmten durchgreifende produktionstechnische und ökonomische Fortschritte.

Die Bemühungen, die bestehenden Hemmungen zu beseitigen, und die Notwendigkeit, kenntnisreiche und urteilsfähige Verwaltungsbeamte heranzubilden, führten auf wissenschaftlichem Gebiet schon bald nach der Jahrhundertwende zu der Errichtung von Lehrkanzeln für Kameralwissenschaften. Zu ihrem Bereich gehörte nicht nur die Volkswirtschaftslehre, sondern auch die Lehre vom Landbau. Damit hatten beide an den Universitäten ihre Pflegestätte gefunden. Bereits im Jahre 1727 errichtete Friedrich Wilhelm I. an den Universitäten Halle und Frankfurt a. d. O. Lehrstühle für Kameralwissenschaften. 1735 folgte die Universität Göttingen, die den bedeutendsten Agrarpolitiker der damaligen Zeit, Gottlob v. Justi, in die neu begründete Professur berief. In seiner zweibändigen „Abhandlung über die Hindernisse einer blühenden Landwirtschaft"[2] hat v. Justi erstmalig die Zusammenhänge zwischen den agrarrechtlichen und den betriebswirtschaftlichen Verhältnissen aufgezeigt und ein Agrarprogramm ent-

---

[2] J. H. G. *von Justi:* Abhandlung über die Hindernisse einer blühenden Landwirtschaft, Göttingen 1770.

wickelt, das die Aufhebung des Flurzwanges, die Aufteilung der Allmenden, die Zusammenlegung der zersplitterten Ackerfluren und die Beseitigung der bäuerlichen Frondienste zum Ziele hatte.

Aber nicht nur die Agrarpolitik, sondern auch die Landwirtschaftslehre hat durch die Kameralisten ihre erste systematische Ausgestaltung erfahren. Johann Beckmann, der Nachfolger v. Justis in Göttingen, bei dem Thünen zwei Semester hörte, unternahm in seinem Lehrbuch „Grundsätze der teutschen Landwirtschaft" als erster den Versuch, der Landwirtschaft einen naturwissenschaftlichen Unterbau zu geben. Über die Art, wie die Landwirtschaftslehre zu behandeln sei, führt er aus: „Die Landwirtschaft kann auf zweierlei Weise, nämlich nur praktisch oder auch wissenschaftlich gelehrt werden ... Die Unzulänglichkeit der praktischen Kenntnis ohne Leitfaden der wissenschaftlichen Grundsätze fällt durch diese einzige Betrachtung deutlich in die Augen: daß alle Dinge unter gewissen Umständen vorgehen, folglich der bloße Empiriker, sobald die Umstände geändert sind, sich nicht zu helfen wisse. Eben dies widerfährt ihm, so oft ihm Fälle vorkommen, deren ähnliche er in dem Gedächtnisse, in dem Vorratshause seiner Erfahrungen, nicht aufzufinden weiß[3]."

Auch andere bedeutende Kameralisten wie Gasser, Dithmar und Justus Möser, der allerdings mehr zu den Historikern als zu den Kameralisten zu zählen ist, haben auf die Entwicklung der Landwirtschaft großen Einfluß ausgeübt. Die Rezeptbücher der Hausväterliteratur wurden immer mehr durch Werke ersetzt, die tiefer in die Geschehnisse der Natur und des wirtschaftlichen Lebens eindrangen. Für die Kameralisten bildet zwar die Erfahrung die wichtigste Erkenntnisquelle, sie strebten jedoch gleichzeitig danach, die den Landbau beherrschenden naturwissenschaftlichen und wirtschaftlichen Gesetze zu erforschen. Ihr Verdienst besteht darin, daß sie als erste den richtungweisenden Versuch unternahmen, die Landwirtschaft wissenschaftlich zu behandeln.

Wenn man die Schriften der Hausväterliteratur und der Kameralisten durchmustert und sich dann in die Werke Albrecht Thaers vertieft, offenbart sich eine neue Betrachtungsweise. Das gilt insbesondere für sein grundlegendes vierbändiges Werk „Grundsätze der rationellen Landwirtschaft"[4] und für den „Leitfaden zur allgemeinen landwirtschaftlichen Gewerbslehre"[5], den Thaer selbst als sein bestes Werk betrachtete. In dem ersten Hauptstück der „Grundsätze

---

[3] *J. Beckmann:* Grundsätze der teutschen Landwirtschaft, Göttingen 1769, S. 6, 8.
[4] *A. Thaer:* Grundsätze der rationellen Landwirtschaft, Wien 1810.
[5] *A. Thaer:* Leitfaden zur allgemeinen landwirtschaftlichen Gewerbslehre, Berlin 1815.

der rationellen Landwirtschaft" werden die Grundlagen und Begriffe eines so betriebenen Landbaus entwickelt. Dort heißt es u. a.: „Die Lehre des Ackerbaus kann dreierlei Art sein, d. h. das Gewerbe kann auf dreierlei Art gelehrt und erlernt werden: erstlich handwerksmäßig, zweitens kunstmäßig, drittens wissenschaftlich. Die handwerksmäßige Erlernung besteht in der nachahmenden Anwendung gewohnter Methoden, Kunst ist die Darstellung der Idee in der Wirklichkeit. Die kunstmäßige Erlernung besteht also in dem Auffassen fremder Ideen, oder in der Erlernung von Regeln und in der Übung, diese Regeln praktisch zur Ausführung zu bringen. Die wissenschaftliche Lehre setzt keine praktischen Regeln fest, sondern sie entwickelt die Gründe, nach welchen man für jeden vorkommenden speziellen Fall das möglichst beste Verfahren selbst findet. Nur die wissenschaftliche Lehre allein kann allgemeingültig und allumfassend sein." Den privatwirtschaftlichen Zweck landwirtschaftlicher Betriebe umreißt Thaer mit den lapidaren, ganz vom Geist der Aufklärung geprägten Sätzen: „Die Landwirtschaft ist ein Gewerbe, welches zum Zweck hat, durch Produktion pflanzlicher und tierischer Substanzen Gewinn zu erzeugen. Die rationelle Lehre von der Landwirtschaft muß also zeigen, wie der höchste reine Gewinn unter allen Verhältnissen aus diesen Betrieben gezogen werden könne[6]." Thaer stellt den Menschen an die Spitze seiner Betrachtungen und rückt das Bildungswesen in den Vordergrund, dem er einen großen Teil seiner Lebensarbeit in Celle, Möglin und später auch an der Universität Berlin widmete. Diesen Grundauffassungen entsprechend handelt Thaer das gesamte Gebiet der Landwirtschaft ab. Ihm gelingt es, die Lehre vom Landbau von der Kameralistik zu lösen, Produktionstechnik und Ökonomik des Landbaus voneinander zu trennen und der Betriebslehre einen eigenen Platz zuzuweisen. Es ist ihm jedoch nicht gelungen, sie methodisch zu fundieren und mit einem einheitlichen Erklärungsprinzip zu durchleuchten. Das blieb seinem Celler Schüler und jüngeren Zeitgenossen Heinrich v. Thünen vorbehalten, dessen bahnbrechende Arbeiten jedoch vorerst nicht erkannt und gewürdigt wurden.

Unter dem Einfluß Liebigs und der bahnbrechenden Entdeckungen auf dem Gebiet der Naturwissenschaft stand die landwirtschaftliche Forschung noch viele Jahrzehnte hindurch unter dem Motto: Landwirtschaft ist angewandte Naturwissenschaft. Die vitalistischen Vorstellungen von einer immanenten, an Humusstoffe gebundenen Bodenkraft, Vorstellungen, denen auch Thaer zuneigte, führten in den älteren Systemen der Betriebslehre, voran bei Thaer, v. Wulffen und Schwerz immer wieder zu dem Versuch, der Statik des Landbaus, dem Prinzip des Gleichgewichts zwischen Stoffentzug durch die Ernten

---

[6] A. *Thaer:* a.a.O., S. 3.

und Stoffersatz durch die Düngung eine zentrale Stellung im betriebswirtschaftlichen Lehrgebäude einzuräumen. Thaers Auffassungen mündeten in der Forderung, den Anbauumfang der humuserzeugenden und humusverbrauchenden Kulturen und den Umfang der Viehhaltung so aufeinander abzustimmen, daß ein Gleichgewicht des Stoffumsatzes gesichert werde. Das Reinertragsprinzip wurde als Leitmotiv der landwirtschaftlichen Produktion zwar anerkannt, aber mit der Forderung nach statischem Gleichgewicht verknüpft. Damit begab man sich, wie Brinkmann[7] treffend bemerkt, in den Dienst zweier Herren, deren Befehle sich häufig widersprachen.

Bezeichnend für die Zwiespältigkeit Thaerscher und die Klarheit Thünenscher Denkweise ist die Kontroverse über die Zweckmäßigkeit der Fruchtwechselwirtschaft, die zwischen beiden ausgetragen wurde. Das Studium des englischen landwirtschaftlichen Schrifttums hatte Thaer mit den Vorzügen des Norfolker Fruchtwechsels bekannt gemacht. Beeindruckt von der hohen Flächenproduktivität dieses Systems, überzeugt von der allgemeinen Gültigkeit des Prinzips von der Statik und erfüllt von dem Gedanken, die von ihm auf seinen Reisen beobachteten Mißstände in der heimischen Landwirtschaft, insbesondere auf dem Gebiet der Futterwirtschaft und Viehhaltung zu beseitigen, propagierte Thaer die Besömmerung der Brache und die Umgestaltung des Ackerbaus im Sinn des Fruchtwechsels. Allein der Fruchtwechsel mit Klee, Hülsenfrüchten und Hackfrüchten — so hob Thaer hervor — mache die Brache entbehrlich und verbürge einen größeren Gesamtertrag. Er sah im Fruchtwechsel ein Mittel, welches gestatte, die Ertragsfähigkeit des Bodens fast beliebig zu steigern, und folgerte, daß die Fruchtwechselwirtschaft als das absolut beste Ackerbausystem zu gelten habe. Er sagt darüber: „Der Verfasser hat das ... nach Orts- und Zeitverhältnissen mannigfaltig zu modifizierende System (der Fruchtwechselwirtschaft) als das absolut vollkommenste, wodurch dem Mittelboden der höchste Ertrag mit den verhältnismäßig geringsten Kosten abgenommen werden könne, verkündigt, und er wird um so weniger davon abweichen, da alles was ... dagegen gesagt worden, entschieden auf Mißverstand oder Unverstand beruhet[8]."

Dem hält Thünen entgegen, ohne allerdings auf seinen Lehrer Thaer ausdrücklich Bezug zu nehmen: „Immer noch will das alte Phantom, als gäbe es ein für alle Entwicklungsstufen der menschlichen Gesellschaft gültiges Ideal der Landwirtschaft, als sei jedes niedere Wirtschaftssystem, jede extensive, arbeitsparende Wirtschaft ein Be-

---

[7] Th. *Brinkmann:* Wandlungen der Wirtschaftslehre des Landbaues in: Zukunftsfragen der Landwirtschaft, Berlin 1919.
[8] A. *Thaer:* Leitfaden zur allgemeinen Gewerbslehre, Berlin 1815, S. 163.

weis von der Unwissenheit der praktischen Landwirte, aus unseren landwirtschaftlichen Schriften nicht weichen." Nach einem Hinweis auf die unterschiedlichen Produktionsbedingungen in der deutschen und amerikanischen Landwirtschaft fährt Thünen fort: „Dies mag wohl zur Klärung dienen, keine Wirtschaft aus fremden Ländern nachzuahmen und bei sich einzuführen, wenn man nicht alle Verhältnisse, worin diese ihre Begründung findet, klar überschaut."

Man erkennt sofort: Thünen verläßt den Pfad traditioneller Betrachtungsweise. Seine Fragestellungen sind neuartig und von größerer wissenschaftlicher Strenge. Hören wir ihn selbst: „Aus welcher Ursache entspringt die Landrente und durch welches Gesetz wird die Höhe derselben bestimmt?" — „Wie muß sich bei konsequenter Bewirtschaftung mit der Änderung der Kornpreise der Ackerbau ändern?" — „Hat die größere oder geringere Entfernung vom Marktplatz einen Einfluß auf die zweckmäßigste Größe der Güter?" — „Wie kann unter gegebenen, ganz bestimmten Verhältnissen ermittelt werden, welche Größe die Güter haben müssen, damit der Boden die höchste Rente gibt?" — „Durch welches Gesetz wird die Landrente bestimmt, wenn statt der einen großen Stadt lauter kleine Städte und in gleicher Entfernung voneinander in der Ebene des Isolierten Staates zerstreut liegen und in welcher Verbindung steht hier der Grad der Sorgfalt der Arbeit mit den Kornpreisen[9]?"

Einen Teil dieser Fragen hat Thünen selbst in seinem Hauptwerk „Der Isolierte Staat" allgemeingültig beantwortet. Die Antworten wurden mit Hilfe eines Anschauungsapparates von Methoden gewonnen, die für spätere wissenschaftliche Generationen richtungweisend geworden sind und bis in die Gegenwart an Beweiskraft nichts eingebüßt haben.

II.

Die Merkmale des Wirtschaftsmodells, das Thünen seinen Beweisführungen zugrunde legt, sind bekannt: Inmitten einer großen Ebene mit Böden von gleicher Fruchtbarkeit, die von keiner Eisenbahn und keiner schiffbaren Wasserstraße durchzogen wird, liegt eine große Stadt, die einzige der ganzen Ebene, die fern von der Stadt in einer unkultivierbaren Wildnis endet. Die Stadt muß mit allen Nahrungsgütern aus dieser Ebene versorgt werden, und für die Bebauer des Landes ist diese Stadt der einzige Absatz- und Bezugsmarkt.

Thünen stellt nun die Frage, wie sich unter den Verhältnissen des Isolierten Staates der Ackerbau gestaltet und wie eine unterschiedliche Entfernung von der Stadt auf den Landbau einwirkt, wenn dieser mit höchster Konsequenz betrieben wird.

---

[9] J. H. *von Thünen:* a.a.O., Einleitung zum 1. Teil des 2. Bandes.

Dieses einfache und zugleich geniale Gedankenmodell, das nur die Entfernung von der Stadt als variablen Faktor zuläßt, gibt die Möglichkeit, die vielfältigen ökonomischen Beziehungen zu entflechten und den Einfluß einer unterschiedlichen Bezugs- und Absatzlage auf die Organisation landwirtschaftlicher Betriebe zu studieren. „Diese Form der Anschauung" — schreibt Thünen im Vorwort zum ersten Teil des Isolierten Staates — „hat mir im Leben über so viele Punkte Licht und Klarheit gegeben und scheint mir einer so ausgedehnten Anwendung fähig, daß ich sie für das wichtigste in dieser ganzen Schrift halte."

Da Wirtschaften mit „höchster Konsequenz" für Thünen Streben nach maximaler Grundrente bedeutet, entwickelt er zunächst eine für alle Verkehrslagen des Isolierten Staates gültige Formel für die Grundrente. Er leitet sie aus den Buchführungsergebnissen seines Landgutes Tellow ab, indem er den Rohertrag der dort betriebenen Koppelwirtschaft in Scheffel Roggen ausdrückt und davon den Betriebsaufwand absetzt. Den Betriebsaufwand gliedert Thünen in einen Marktanteil und einen Gutsanteil. Der Marktanteil, auf den nach den Buchführungsergebnissen in Tellow etwa ein Viertel des Gesamtaufwandes entfällt, umschließt die Kosten für alle aus „der Stadt" bezogenen Produktionsmittel: Maschinen und Geräte, Hilfsstoffe verschiedener Art und Lohngüter, soweit sie gewerblichen Ursprungs sind. Zum Gutsanteil des Aufwandes gehören demgegenüber alle Kostengüter, die aus Getreide bestehen und als Saatgut, Zugtierfutter und Lohngüter der eigenen Ernte entnommen werden. Diesen Anteil, auf den nach den Aufzeichnungen in Tellow drei Viertel des Gesamtaufwandes entfallen, drückt Thünen in Scheffel Roggen aus, so daß er als naturale Größe von dem Rohertrag abgesetzt werden kann. Der Unterschied zwischen dem Geldwert des um den naturalen Aufwand reduzierten Rohertrages einerseits und dem in Geld ausgedrückten Betriebsaufwand einschließlich des Zinsanspruchs für das Inventarkapital andererseits — der „reine Ertrag" im Sinne Thünens — ist somit identisch mit der Grundrente.

Die Anwendung der Grundrentenformel setzt die Kenntnis des bei wechselnder Verkehrslage am Ort der Erzeugung erzielbaren Roggenpreises voraus. Dieser ergibt sich aus dem Marktpreis nach Abzug der Transportkosten. Demgemäß sinken mit wachsender Entfernung von der Stadt die Nettoverkaufspreise des Roggens. Der Grenzproduzent erzielt noch einen Preis, der gerade die Produktionskosten einschließlich der Verzinsung des Inventarkapitals deckt, während alle Betriebe, die in geringerer Entfernung vom Markt produzieren, durch Transportkostenersparnis einen Preis erzielen, der nicht nur die Produktionskosten ausgleicht, sondern darüber hinaus einen Überschuß beläßt, der eine Lagerente begründet. Die Lagerente erfährt eine Aufstockung durch die Intensitätsrente, wenn die Ersparnis an Absatzkosten nach Maßgabe des Ertragsgesetzes zu einer Steigerung der Produktionsintensität eingesetzt wird und eingesetzt werden muß, wenn das wirtschaftliche Optimum erreicht werden soll.

Der Marktpreis des Korns richtet sich nach den Kosten des Grenzproduzenten, denn, so sagt Thünen: „Die Stadt kann ihren Kornbedarf nur geliefert bekommen, wenn sie einen Preis dafür bezahlt, der hinreichend ist, dem entfernteren Produzenten, dessen Korn sie noch bedarf, mindestens die Produktionskosten und Transportkosten des Korns zu vergüten[10]." Thünen nimmt den Marktpreis des Korns als gegeben an und läßt ihn mit 1,5 Taler je Scheffel Roggen in seine Rechnungen eingehen.

Im Mittelpunkt der Untersuchungen über den Einfluß der Entfernung von der Stadt auf die Organisation der Bodennutzung steht ein Vergleich der beiden häufigsten Getreidebausysteme der damaligen Zeit: der Koppelwirtschaft und der Dreifelderwirtschaft. Alle erforderlichen Daten für diesen Vergleich entnimmt Thünen der Buchführung in Tellow und legt seinen Berechnungen einen Betrieb in Größe von 100 000 Quadratruten (d. s. 217 ha) und einen Boden zugrunde, der das Achtfache der Aussaat liefert. Die für den Vergleich notwendigen Aufwands- und Ertragsrechnungen und die Ableitung der Grundrente erforderten eine 10jährige mühsame Vorarbeit. Thünen schreibt darüber Sylvester 1819 u. a. an seinen Bruder: „Der heutige Tag wird in meinem Leben einen bedeutenden und angenehmen Abschnitt machen, denn ich habe nunmehr eine 10jährige, höchst mühsame Arbeit vollendet ... Ich fing die Tellowschen Rechnungen in einem solchen Umfange an, als ich nur irgend ausführen konnte und als der Zweck meines Kalküls erforderte. Arbeitsrechnung, Korn- und Geldrechnung mußten gleich umfassend und gleich genau geführt werden, und dies mußte fast alles von meiner Hand geschehen, weil sonst dem Ganzen Einheit und innere Glaubwürdigkeit gefehlt hätten ... Jetzt liegt eine 10jährige Rechnung vor mir; das langersehnte Ziel ist erreicht. Freilich bedarf ich nun noch der Muße einiger Jahre, um die gesammelten Data zu ordnen und für andere nützlich zu machen; aber jede hierauf verwendete Arbeit gibt ein Resultat, ist lohnend und angenehm zugleich."

Die Resultate, von denen Thünen spricht, bilden die Grundlage für die Bestimmung des zweckmäßigsten Systems der Bodennutzung unter dem Einfluß einer wechselnden Entfernung von der Stadt. Die beiden Systeme, die Thünen zunächst ins Auge faßt, die Koppel- und Drei-

---

[10] J. H. *von Thünen:* a.a.O., 2. Teil, Seite 224.

felderwirtschaft, unterscheiden sich in dem Flächenanteil, der auf Getreide, Futtergewächse und Brache entfällt. Während bei der Dreifelderwirtschaft der Ackerbau nur ein Drittel und die Wiesen und Dauerweiden zwei Drittel der Gesamtfläche einnehmen, liegen bei der Koppelwirtschaft die Verhältnisse umgekehrt. Mit dem Übergang von der Dreifelderwirtschaft zur Koppelwirtschaft wächst der Flächenanteil des Getreide- und Ackerfutterbaus, während der Anteil des Brachlandes und der Weiden abnimmt. Beide Systeme unterscheiden sich also in dem Flächenverhältnis von extensiven und intensiven Kulturen. Extensive Kulturen besitzen ein geringes Ertragsvermögen und erfordern einen geringeren Mindestaufwand; sie reagieren auf steigenden Aufwand je Flächeneinheit nur mit geringen Zuwachsraten an Ertrag, so daß die Grenze der Intensitätssteigerung ceteris paribus bald erreicht ist. Intensive Kulturen sind demgegenüber mit einem hohen Ertragsvermögen ausgestattet, erfordern einen höher liegenden Mindestaufwand und belohnen steigenden Aufwand mit einem Ertragszuwachs, der erst bei einer viel höher liegenden Aufwandsstufe abzufallen beginnt. Sie sind also einer Intensitätssteigerung in stärkerem Maße zugänglich. Da in der Koppelwirtschaft ein größerer Flächenanteil auf intensive Kulturen entfällt als in der Dreifelderwirtschaft, übertrifft sie diese in der Bebauungsintensität. Die Dreifelderwirtschaft ist das extensivste Bodennutzungssystem mit Ackerbau, das unter den Bedingungen des Isolierten Staates wirtschaftlich zulässig ist.

Thünen behandelt bei seinen Berechnungen die Koppel- und Dreifelderwirtschaft als einseitige Getreidebausysteme, die nur Roggen erzeugen. In Wirklichkeit werden jedoch mehrere Güter produziert, nämlich drei bzw. zwei Getreidearten und mit Hilfe der Futterkulturen auch tierische Produkte, die in der damaligen Zeit allerdings nur einen geringen Teil der Gesamtproduktion ausmachten. Thünen setzt alle Getreidearten dem Roggen gleich, rechnet die Erzeugnisse der Tierhaltung auf Scheffel Roggen um und erachtet den aufgrund umfangreicher statischer Berechnungen ausgewiesenen Flächenanteil der Brache und Futterkulturen als gerade noch erforderlich, um die Bodenfruchtbarkeit unverändert zu erhalten. Durch diesen, das Modell vereinfachenden Kunstgriff gelangt Thünen zu Betriebssystemen, die nur ein Produkt erzeugen und es gestatten, den Einfluß der Entfernung von der Stadt, die nunmehr ausschließlich in dem frei Betrieb erzielbaren Roggenpreis zum Ausdruck kommt, auf die Erzeugungsintensität und Grundrentenbildung zu verfolgen. Dabei zeigt sich, daß die Grundrente der Dreifelderwirtschaft in einer Stadtentfernung von 31,4 Meilen auf Null absinkt; bei der intensiven Koppelwirtschaft ist das bereits in einer Entfernung von 28,6 Meilen der Fall. Mit anderen

Worten und in anderer Sicht: denken wir uns den Dreifelderbetrieb des Grenzproduzenten mit der Grundrente Null sukzessiv an den Markt herangeschoben, so erweitert sich infolge der erzielten Transportkostenersparnis die Preisspannung zwischen Roggen einerseits und den zu seiner Herstellung erforderlichen Produktionsmitteln einschließlich der Löhne andererseits und damit der Spielraum für die Erzeugungsintensität. Das Ergebnis ist eine steigende Grundrente. So trifft die Dreifelderwirtschaft in Richtung auf die Stadt am Meilenstein 24,7 auf die Koppelwirtschaft, die dort als intensiveres System die gleiche Grundrente abwirft wie ihre Konkurrentin, die Dreifelderwirtschaft. Von nun ab überflügelt die intensivere Koppelwirtschaft mit Annäherung an die Stadt die Dreifelderwirtschaft in der Höhe der Grundrente, erweitert ihren Vorsprung ständig und erreicht in unmittelbarer Nähe des Marktes mit 1111 Talern ihr Maximum, während sich die Dreifelderwirtschaft mit einem Maximum von 777 Talern begnügen müßte, wenn man sie dort betreiben würde[11].

Natürlich erfolgt die Steigerung der Produktionsintensität nicht sprunghaft, sondern kontinuierlich. Wie eingestreute Bemerkungen erkennen lassen, war Thünen durchaus gegenwärtig, daß die Dreifelderwirtschaft nicht unvermittelt in die Koppelwirtschaft übergeht, sondern zunächst intensivere Formen ausprägt und erst allmählich die Gestalt der Koppelwirtschaft annimmt, bis schließlich auch die Koppelwirtschaft intensiveren Formen der Bodennutzung Platz macht.

In der Thünenschen Konzeption bleibt die Transportkostenersparnis mit Annäherung an den Markt auf den Absatz der Erzeugnisse beschränkt. Es wird unterstellt, daß die gleichen Transportmittel, welche das Korn zur Stadt befördern, als Rückfracht die aus der Stadt bezogenen Produktionsmittel den Betrieben ohne Anrechnung von Transportkosten zuführen. Läßt man diese Voraussetzung, die der Wirklichkeit nur in Ausnahmefällen entspricht, fallen, so sind selbstverständlich die Bezugskosten der Produktionsmittel industrieller Herkunft und auch die Löhne einzubeziehen. Ihr Verhalten bei wechselnder Entfernung von der Stadt und ihr Einfluß auf Produktionsintensität und Grundrentenbildung sind in Anknüpfung an Thünen von Aereboe und Brinkmann untersucht worden und prägnant formuliert. Ihre Arbeitsergebnisse bilden eine Ergänzung der in dieser Hinsicht unvollständigen Beweisführung Thünens. Die prinzipielle Bedeutung der Thünenschen Erkenntnisse für die Standortstheorie

---

[11] Eine erschöpfende Darstellung der Thünenschen Rententheorie und der Verknüpfung mit der modernen landwirtschaftlichen Standortstheorie durch Th. Brinkmann findet sich bei Irmgard *Brinkmann* „Die v. Thünensche Rentenlehre und die Entwicklung der neuzeitlichen Landwirtschaft", in: „Zeitschrift für die gesamte Staatswissenschaft", 1951.

bleibt jedoch ungeschmälert. Es ist zwar ungewiß, ob Thünen unabhängig von Turgot und Ricardo das Gesetz vom abnehmenden Ertragszuwachs entdeckt hat, sicher ist aber, daß er die Konsequenzen klarer erkannte und exakter faßte. Thünen fragt beispielsweise, unter welchen Bedingungen es lohnend sei, mehr Arbeitskräfte oder mehr Dünger einzusetzen und antwortet: „Die Sorgfalt der Arbeit, z. B. beim Auflesen der Kartoffeln, darf nicht weiter gehen, als bis die zuletzt darauf gewandte Arbeit noch durch das Plus des Ertrags vergütet wird. Die Bereicherung des Bodens muß konsequenterweise bis zu dem Punkt getrieben werden, aber auch da aufhören, wo die Zinsen der Kosten des Dungankaufs, oder statt dessen der Düngererzeugung, mit dem dadurch erlangten Mehrertrag ins Gleichgewicht treten. Immer wird der auf diese Weise erlangte Mehrertrag durch einen Aufwand von Kapital und Arbeit erkauft, und es muß einen Punkt geben, wo der Wert des Mehrertrags dem Mehraufwand gleich wird — und dies ist zugleich der Punkt, bei welchem das Maximum des Reinertrags stattfindet[12]."

So sehen wir in Thünen den Mitentdecker des Gesetzes vom abnehmenden Ertragszuwachs und den Begründer der Intensitätslehre.

III.

Der Einfluß der Verkehrslage erschöpft sich nicht in einer mit Annäherung an den Markt steigenden Erzeugungsintensität und Grundrente, sondern sie weist darüber hinaus den einzelnen Verkaufsprodukten der Landwirtschaft ihren vorteilhaftesten Produktionsstandort zu. Diesem Problem der verkehrswirtschaftlichen Standortsorientierung widmet Thünen den zweiten Unterabschnitt des ersten Teiles des Isolierten Staates. Es umschließt zwei Fragen: einmal die Frage nach der zweckmäßigsten Zusammensetzung der Produktion und zum anderen die Frage nach der wohlfeilsten Versorgung der Stadt. Die erste Frage bezieht sich auf die Rentabilität der Erzeugung im Sinne der Erzielung einer maximalen Grundrente, die zweite auf die volkswirtschaftliche Produktivität im Sinne der geringsten Beschaffungskosten der Nahrungsgüter für die Stadt. Die Beschaffungskosten umschließen die Produktionskosten und die Verkehrskosten.

Würde im Isolierten Staat nur Roggen erzeugt, so wären die Thünenschen Ringe nur Intensitätszonen des Roggenbaues. Sie sind jedoch mehr, denn in Wirklichkeit wird meist nicht nur eine Kultur angebaut, sondern es verbinden sich mehrere Kulturen mit wechselnden Flächenanteilen zu bestimmten Bodennutzungssystemen, denen wiederum bestimmte Verwertungssysteme zugeordnet sind. Sie bilden

---

[12] J. H. *von Thünen:* a.a.O., Einleitung zum II. Teil.

zusammen das jeweilige Betriebssystem. Bei der Gestaltung des Betriebssystems wirken zwei Kräftegruppen gegeneinander: die differenzierenden Kräfte einerseits und die integrierenden Kräfte andererseits[13]. Der differenzierenden, auf Spezialisierung der Produktion drängenden Kraft der Verkehrslage wirken die integrierenden, auf vielseitige Erzeugung drängenden Kräfte entgegen. Die integrierenden, die einzelnen Produktionszweige miteinander verknüpfenden Kräfte, entspringen dem Streben nach Arbeits-, Futter- und Risikoausgleich sowie der Notwendigkeit der Erhaltung und vielseitigen Ausnutzung der Bodenfruchtbarkeit. Der zu vollziehende Ausgleich zwischen beiden Kräftegruppen bestimmt die Wahl des jeweils zweckmäßigsten Betriebssystems. So kommt es ceteris paribus mit Annäherung an den Markt zwar zu einer fortschreitenden Anbauausdehnung von Kulturen mit hoher Grundrente, selten jedoch zur Herausbildung von Betriebssystemen, in denen nur eine einzelne Produktion mit hoher Grundrente betrieben wird.

Die Bildung der Grundrente vollzieht sich für alle Produkte nach den gleichen Regeln, die Thünen an dem Beispiel des Roggens entwickelt hat. Die Höhe der Grundrente jedoch, welche die einzelnen Erzeugnisse bei gegebenen Marktpreisen mit Annäherung an den Markt abwerfen, ihr Grundrentenindex, wie Brinkmann in Anknüpfung an die Thünenschen Untersuchungen diesen Prozeß der Rentenbildung bezeichnet, hängt von dem Ausmaß der gesamten Kostenersparnis ab, das eine unterschiedliche Verkehrslage ihnen gewährt. Es kommt zu einem Wettbewerb zwischen den verschiedenen Produkten um den günstigsten Standort. Für diesen Wettbewerb sind die einzelnen Kulturen mit verschiedenen Eigenschaften ausgerüstet. Sie unterscheiden sich einmal in dem Gesamtaufwand, den sie je Flächeneinheit erfordern bzw. wirtschaftlich zulassen, und zum anderen in der Zusammensetzung des Aufwandes. Das gilt insbesondere für das Verhältnis von Sachaufwand und Arbeitsaufwand. Die einzelnen Kulturen und die mit ihrer Hilfe hergestellten Veredlungserzeugnisse unterscheiden sich außerdem in der Höhe der Erträge je Flächeneinheit und in ihrer Verkehrsfähigkeit, letztere gemessen an den Kosten je Fracht- und Entferungseinheit. Es gibt Erzeugnisse, die hohe Flächenerträge mit geringer Verkehrsfähigkeit verbinden wie Gemüse, Kartoffeln, Milch, und es gibt andere, bei denen sich ein geringer Flächenertrag mit hoher technischer Verkehrsfähigkeit verbindet, wie das beispielsweise für die Wolle und in abgestuftem Maße auch für Getreide zutrifft. Demgemäß ist der Vorteil, der den einzelnen Produkten mit Annäherung an den Markt hinsichtlich ihrer Produktions- und Transportkosten je Flächeneinheit erwächst, sehr verschieden. Von

---

[13] Th. *Brinkmann:* a.a.O., S. 65 ff.

zwei oder mehreren Produkten, die sich in einer bestimmten Verkehrslage oder bei zunehmender Gunst derselben um einen Standort bewerben, erobert dasjenige den Standort, welches die größte Kostenersparnis aufzuweisen hat. Der Bodenbebauer wird bei gegebener Betriebsgröße und konsequenter Wirtschaftsweise die verfügbare Fläche nur mit solchen Kulturen besetzen, die zusammen eine maximale Grundrente abwerfen. Er wird weiter unter veränderten Bedingungen die Anbaufläche einer Kultur oder Teile derselben einer anderen Kultur nur einräumen, wenn die Ersatzkulturen einen höheren Beitrag zur Grundrente liefern als die verdrängte. Das zweckmäßigste Verhältnis der Bodennutzungszweige zueinander ist dann erreicht, wenn die Grundrente der letzten Flächeneinheiten aller anbauwürdigen Kulturen gleich ist. Diese Erkenntnisse, ausgedrückt in der heutigen betriebswirtschaftlichen Diktion, bilden den Kern der Thünenschen Untersuchungsergebnisse.

Die wohlfeilste Versorgung der Stadt erheischt eine Bedarfsdeckung mit den geringsten volkswirtschaftlichen Kosten, d. h. eine Versorgung aus Produktionszonen des Isolierten Staates, welche die einzelnen Erzeugnisse pro Einheit mit den geringsten Produktions- und Verkehrskosten belasten. Diese Bedingungen sind erfüllt, wenn die Standortorientierung der landwirtschaftlichen Produktion sich nach Maßgabe des Summenvergleichs vollzieht, den Thünen bei der Untersuchung der Forstwirtschaft im Isolierten Staat enwickelte. Thünen sagt darüber: „Wir haben durch diese Untersuchung eine Formel erhalten, die nicht nur zur Bestimmung des Holzpreises dient, sondern in der Tat von einer solchen allgemeinen Gültigkeit ist, daß wir dadurch für den Isolierten Staat den Preis jedes landwirtschaftlichen Erzeugnisses bestimmen und die Gegend, wo der Anbau geschehen muß, nachweisen können."

Die Formel, von der Thünen spricht, umschließt die Produktionskosten, einschließlich der Verzinsung des Inventarkapitals, die Grundrente und die Verkehrskosten als Funktion der Marktentfernung bezogen auf die Flächeneinheit. Sie gestattet mit den von Petersen[14] herausgearbeiteten Einschränkungen einen Vergleich der gesamten Beschaffungskosten der verschiedenen Erzeugnisse aus verschiedenen Verkehrslagen. Die wohlfeilste Bedarfsdeckung ist gewährleistet, wenn von zwei oder mehreren der in der Stadt nachgefragten Produkte, die sich um den marktnächsten Standort bewerben, dasjenige den Standort erobert, welchem bei der Annäherung an den Markt die größte Kostenersparnis im Sinne der Thünenschen Summenformel zufällt, und alle diejenigen abgedrängt werden, denen aus dem Verzicht

---

[14] A. *Petersen:* Thünens Isolierter Staat, Berlin 1944.

auf den marktnächsten Standort geringere Mehrkosten erwachsen. Dabei geht die Grundrente des jeweils wettbewerbskräftigsten unter den verdrängten Produkten in die Produktionskosten desjenigen Produkts ein, das den marktnäheren Standort erobert, und begrenzt dementsprechend dessen Anbauumfang. Die Anbaugrenze der marktnäheren Produkte ist erreicht, wenn ihre Grundrente derjenigen des wettbewerbskräftigsten unter den verdrängten Produkten gerade gleich ist. Mit anderen Worten und vom Standpunkt des Bodenbebauers: da der Landwirt, wie wir sahen, bei wirtschaftlich konsequenter Gestaltung der Bodennutzung die Anbaufläche einer Kultur oder Teile dieser Anbaufläche einer anderen Kultur nur einräumt, wenn die Ersatzkultur einen größeren Betrag zur Grundrente liefert, muß der Marktpreis des Produkts, das die Ersatzkultur liefert, einen solchen Stand erreichen, daß mit dem Erlös der letzten zur Versorgung des Marktes noch erforderlichen Menge nicht nur die Produktionskosten und Transportkosten erstattet werden, sondern darüber hinaus noch mindestens die Grundrente, die das verdrängte Produkt dort liefern würde.

Die Thünensche Theorie der Preisbildung unterscheidet sich also von derjenigen Ricardos. Das in die weiteste Ferne des Isolierten Staates abgedrängte Erzeugnis, dorthin, wo Boden frei zur Verfügung steht, hat zwar wie bei Ricardo keine Grundrente zu tragen, aber bei jedem marktnäher gewonnenen Produkt wird die Grundrente des abgedrängten Produkts zu einem Bestandteil des Preises. Mit dieser Feststellung wurde Thünen zu einem Vorläufer der modernen Preistheorie der Grundrente.

Asmus Petersen, dem wir den umfassendsten und tiefgründigsten Kommentar zum Isolierten Staat verdanken, hat gezeigt, daß der Thünensche Summenvergleich prinzipiell identisch ist mit dem Brinkmannschen Grundrentenindex. Summenvergleich und Grundrentenindex sind lediglich der Ausdruck einer anderen Betrachtungsweise: der volkswirtschaftlichen Produktivität und der privatwirtschaftlichen Rentabilität. Beide weisen in die gleiche Richtung: je höher der Grundrentenindex ausfällt, d. h. je höher die Grundrente ist, die ein Erzeugnis mit Annäherung an den Markt bildet, um so stärkere Anziehungskraft übt der Markt auf die betreffende Produktion aus. Das ist Brinkmannsche Version. Und die Thünensche auf Grund des Summenvergleichs: Die Kosten des Grenzquantums für die Bedarfsdeckung der Stadt im Isolierten Staat erreichen ihr Minimum, wenn dasjenige Produkt jeweils den marktnäheren Standort erobert, das aus der Annäherung an den Markt den größten Vorteil im Hinblick auf seine gesamten Beschaffungskosten zieht.

Damit ist die Theorie der verkehrsgemäßen Standortsorientierung der landwirtschaftlichen Produktion im Isolierten Staat in ihren Grundzügen gekennzeichnet. Wir müssen darauf verzichten, sie an Hand der Thünenschen Rechnungen mit Beispielen zu belegen.

Es wurde einleitend gesagt, daß der Isolierte Staat zwar kein geschlossenes System der Betriebslehre enthält, wohl aber Arbeitsmethoden entwickelt, die sich fürderhin sowohl für die Nationalökonomie als auch für die Betriebswirtschaftslehre als außerordentlich fruchtbar erwiesen. Wir können nun hinzufügen: Thünen erweist sich als Meister der Konstruktion aussagekräftiger wissenschaftlicher Anschauungsmodelle und der Kunst isolierender Betrachtungsweise, als Schöpfer der Grenzanalyse, Mitentdecker des Gesetzes vom abnehmenden Ertragszuwachs und als Meister der Kombination deduktiven Forschens und induktiven Prüfens. Thünen zeigt mit Hilfe der Grenzanalyse die Abhängigkeit der speziellen Produktionsintensität und der Betriebssysteme von den Preisen und Preisrelationen als Konsequenz aus dem Gesetz vom abnehmenden Ertragszuwachs und von den Transportkosten als Konsequenz der volkswirtschaftlichen Forderung nach der wohlfeilsten Versorgung der Stadt.

IV.

Wir wollen nun noch die Brücke schlagen von Thünen zur Betriebslehre der Gegenwart.

Für die Wahl des Betriebssystems, das den Bedingungen des Optimums entspricht, und die zweckmäßigste Bemessung der speziellen Erzeugungsintensität, ist nicht nur die Verkehrslage bestimmend, sondern außerdem die Beschaffenheit von Boden und Klima, der Stand der Technik und auch die Betriebsgröße, soweit sie kurzfristig nicht verändert werden kann.

Die Einbeziehung aller Standortfaktoren und ihrer Funktionen bei stationärer und fortschreitender Volkswirtschaft in die Standortstheorie im Anschluß an Thünen verdanken wir den Begründern der modernen Betriebslehre: Friedrich Aereboe[15] und Theodor Brinkmann[16]. Beide sehen im landwirtschaftlichen Betrieb ein Gebilde, das einem Organismus ähnelt, dessen einzelne Teile so eng miteinander verbunden sind, daß der eine Teil ohne den anderen schwerlich bestehen kann und ein Eingriff an einer Stelle vielfältige Wechselwirkungen auslöst.

Wie Thünen an die landwirtschaftlichen Betriebssysteme, so tritt Aereboe — ohne das Betriebsganze aus den Augen zu verlieren —, an die Organisationsformen der einzelnen Betriebszweige heran, nicht um zu fragen, wie sie beschaffen sind, sondern um zu zeigen, aus

---

[15] Fr. *Aereboe:* Allgemeine landwirtschaftliche Betriebslehre, Berlin 1920.
[16] Th. *Brinkmann:* Die Ökonomik des landwirtschaftlichen Betriebes, in: Grundriß der Sozialökonomik, VII. Abteilung, Tübingen 1922.

welchen Gründen sie diese oder jene Gestalt annehmen. Aereboe entwirft in seiner „Allgemeinen landwirtschaftlichen Betriebslehre" mit dem Blick auf den ganzen Erdball ein großartiges Bild der Organisationsformen und Intensitätsstufen der Bodennutzung und Viehhaltung unter dem Einfluß der Preisverhältnisse im Zusammenwirken mit den natürlichen Bedingungen und dem Stand der Technik.

In seiner im Jahre 1905 erschienenen kleinen Studie über Rentabilitätsfragen des Landwirtschaftlichen Betriebes[17] weist Aereboe als erster auf die Möglichkeit hin, die Grenzanalyse auch auf die Bestimmung der optimalen Produktionseinrichtung im Einzelbetrieb anzuwenden, indem er hervorhebt, daß für den Umfang eines Bodennutzungszweiges nicht die durchschnittliche Rentabilität maßgebend ist, sondern die vergleichsweise Rentabilität des letzten Hektars. In der Sprache Thünens würde das lauten: das zweckmäßigste Verhältnis der Betriebszweige zueinander ist dann erreicht, wenn die Grundrente des letzten Hektars aller zum Anbau kommenden Kulturpflanzen gleich ist. Indessen taucht hier, da es sich um verbundene Produktion handelt, das Problem der Zuordnung der Gemeinkosten auf. Es ist exakt nicht lösbar, so daß die Bestimmung des organisatorischen Optimums andere Methoden erfordert, um die wir uns in mehreren Arbeiten bemüht haben.

Brinkmann, mehr als Aereboe, der Systematisierung und der isolierenden Abstraktion zugeneigt, schließt sich eng an Thünen an, entwickelt den Grundrentenindex und zeigt, daß auch bei der Anpassung der Bodennutzung an die natürlichen Verhältnisse das Streben nach maximaler Grundrente die regelnde Kraft ist; denn, so sagt Brinkmann: „Jede Bodennutzungsart strebt nach dem für sie günstigsten Standort. Die Weide nach den Gebieten des Weideklimas, der Weizen nach dem ‚Weizenboden'. Bei dem Wettbewerb um den gleichen Boden in gegebener Klimalage wird diejenige Kultur nach dem ungünstigeren Standort abgedrängt, der am wenigsten Nachteile aus dieser Verlegung des Standorts erwachsen. ... So paßt sich die Produktion den natürlichen Bedingungen derart an, daß zwar nicht jedes Erzeugnis, wohl aber die Gesamtheit aller mit einem Minimum an Betriebsaufwand belastet ist[18]."

Schließlich zeigt Brinkmann, daß die Betriebssysteme nicht nur das Ergebnis der objektiven Produktionsbedingungen sind, sondern ebenso der aktiven Gestaltungskraft der Betriebsinhaber bei der Aufnahme technischer Fortschritte. Gibt das Streben nach Grundrente in der Masse der Betriebe den Ansporn zur Erreichung einer dem technischen

---

[17] Fr. *Aereboe:* Rentabilitätsfragen des landwirtschaftlichen Betriebes, Berlin 1905.
[18] Th. *Brinkmann:* Bodennutzungssystem, in: Handwörterbuch der Staatswissenschaften, Jena 1924.

Durchschnittsniveau entsprechenden Betriebsweise, so ist das Streben nach Unternehmergewinn die treibende Kraft des technischen Fortschritts und der Verbesserung der Betriebsweise.

Über die Betriebsgrößen im Isolierten Staat sagt Thünen: „Da die Konstruktion des Isolierten Staates aus der Lösung der Aufgabe: ‚Wie wird sich die Wirtschaft des Gutes Tellow ändern, wenn dasselbe nach den verschiedenen Gegenden des Staates verlegt wird', hervorgegangen ist, so liegt hierin schon die Bedingung, daß alle Güter dieses Staates die Größe des Gutes Tellow haben[19]." Thünen fährt dann fort: „Nach dem hier gewählten Standpunkt müssen wir es aber zur Frage stellen, ob das Gut Tellow die Größe hat, bei welcher der Reinertrag des Gutes der höchste ist" und formuliert anschließend die Frage, ohne sie zu beantworten: „Hat die größere oder geringere Entfernung vom Marktplatz einen Einfluß auf die zweckmäßigste Größe der Güter?"

Unter den Bedingungen des Isolierten Staates steigen die Bodenpreise als kapitalisierte Grundrente mit Annäherung an den Markt und damit die Kosten der Bodenbenutzung, während die Bezugskosten der Produktionsmittel gewerblicher Herkunft sinken und der Geldlohn — gleicher Reallohn vorausgesetzt — relativ schwächer steigt als die Preise der Produkte. Damit ändern sich die Preisrelationen zwischen den Produktionsfaktoren und dementsprechend die Bedingungen ihrer optimalen Kombination. Außerdem steigen mit wachsender Produktionsintensität bei Annäherung an den Markt die innerbetrieblichen Transportkosten. Beide Vorgänge bewirken eine Verkleinerung der Betriebe in Richtung auf die Stadt.

Aereboe und Brinkmann schalten den Einfluß der Betriebsgröße insofern aus, als sie voraussetzen, daß der Boden im Rahmen der gesamten Volkswirtschaft zwar knapp ist, unterstellen jedoch, daß im mikro-ökonomischen Bereich Boden ebenso wie Arbeit und Kapital zu Marktpreisen verfügbar sind.

Tatsächlich erweist sich jedoch die Betriebsgröße, wie das starke Beharrungsvermögen der Betriebsgrößenstrukturen in den meisten westeuropäischen und auch in anderen Ländern offenbart, aus verschiedenen Gründen weitgehend als stabil, so daß die Betriebsgröße im konkreten Fall bei der Bestimmung des organisatorischen Optimums als konstant angesehen werden muß.

Die neuere Betriebslehre geht daher bei der Entwicklung ihrer Methoden zur Bestimmung des organisatorischen Optimums davon aus, daß die Betriebsgröße als ein selbständiger Faktor anzusehen ist. Dieser Schritt erleichtert die Quantifizierung der differenzierenden

---

[19] J. H. *von Thünen:* a.a.O., Band II, Seite 31.

und integrierenden Kräfte, von denen wir eben sprachen. Die produktionsdifferenzierenden Kräfte der Natur und des Marktes finden ihren Niederschlag in den erzielbaren Naturalerträgen je Flächeneinheit und in den herrschenden Preisverhältnissen frei Betrieb. Die integrierenden, produktionsfördernden Kräfte, die dem Zusammenwirken der Betriebszweige bei der Erhaltung der Bodenfruchtbarkeit, der Arbeitsverteilung, dem Futterausgleich usw. entspringen, lassen sich, wenn auch mit erheblichen Schwierigkeiten, den einzelnen Produktionszweigen zuordnen und als Bestandteile des Rohertrages und der Kosten quantifizieren. Rohertrag und Kosten der Ausdehnung bzw. Einschränkung eines Produktionszweiges können dann auf den Boden als einzigen unvermehrbaren Faktor bezogen werden, und das Optimum läßt sich in einer Folge von Differenzrechnungen ermitteln.

Ein aus den genannten Zusammenhängen entwickeltes Kalkulationsmodell, in dem allein die verfügbare Bodenfläche als gegebene Größe angenommen wird, trägt jedoch bei rasch fortschreitender wirtschaftlicher Entwicklung den wirklichen Verhältnissen nicht genügend Rechnung. Unter unseren Verhältnissen stehen beispielsweise in mittel- und großbäuerlichen Betrieben im Zusammenhang mit der Auflösung überkommener Arbeitsverfassungen Arbeitskräfte häufig nicht mehr in ausreichender Zahl zur Verfügung. Art und Umfang der Erzeugung werden dann nicht nur durch die Betriebsgröße, sondern auch durch die verfügbaren Arbeitskräfte, unter Umständen auch durch das kurzfristig nicht vermehrbare Kapital begrenzt. Unter solchen Voraussetzungen bleibt zwar die Grenzanalyse weiterhin die Grundlage für die Bestimmung des Optimums, jedoch verliert der Boden seine Bedeutung als einziger Bezugsfaktor für die Ertrags- und Kostenrechnung, ein Problem dem — unter anderen — die Betriebslehre gegenwärtig ihr Augenmerk zuwendet.

Die Frage, ob diese Rechenverfahren in einer Fortentwicklung der von den Amerikanern entwickelten Methoden liegen, oder ob sich Kalkulationsverfahren durchsetzen, die den konventionellen Methoden mehr ähneln, ist noch offen. Sicher ist aber, daß die Erkenntnisse, die Thünen mit der Grenzanalyse geschaffen hat, weiterhin die theoretischen Grundlagen bleiben werden.

So gehört Heinrich v. Thünen, wie Roscher sagt, zu den Männern, die nicht bloß vorübergehende Wellen im Strom des wissenschaftlichen Fortschritts, sondern bleibende Wendepunkte verursacht haben.

Erster Tag, Nachmittag
Freitag, 9. Mai 1958

Vorsitz: Professor Dr. Erwin *von Beckerath* (Bonn):

Der Herr Vorsitzende hat mir den Vorsitz des heutigen Tages übertragen, und ich komme meiner ersten angenehmen Verpflichtung nach, in dem ich Herrn Leontief das Wort erteile.

Interregionale Beziehungen wirtschaftlicher Aktivitäten

Von Professor Dr. Wassily *Leontief* (Cambridge/Mass.):

Meine Damen und Herren!

Ich möchte im folgenden nur gewisse einleitende Bemerkungen machen, an die sich dann ein Meinungsaustausch über die Probleme der Analyse interregionaler Beziehungen wirtschaftlicher Aktivitäten anschließen kann. Diese Bemerkungen werde ich in der Form von Thesen mit daran anknüpfendem kurzen Kommentar entwickeln.

I. Wirtschaftliche Aktivitäten in ihrem gegenseitigen Zusammenhang

1. Eine Aktivität wird folgendermaßen definiert: Jede Aktivität — sei es die eines Betriebes, einer Industrie, eines Haushaltes oder einer nicht auf Gewinn orientierten öffentlichen Organisation —, ist eine Kombination von direkt miteinander verbundenen Einsatz- (input) und Ausstoß- (output) quantitäten qualitativ verschiedener Güter und Dienstleistungen. Diese Definition scheint zweckmäßig, zumal sie an die Termini der traditionellen Standorttheorie und der Theorie des internationalen Handels, die beide eigentlich die Vorläufer der modernen Theorie der interregionalen Beziehungen sind, als auch der modernen empirisch orientierten Theorie der allgemeinen Interdependenz anknüpft. Ein Beispiel für eine Aktivität ist die Produktion von Roheisen, bei der man Kohle, Erz, Arbeit, Elektrizität, gewisse Leistungen von Hochöfen, Kapital gebraucht, um als output das Produkt Roheisen und andere Produkte zu erhalten. Zwischen diesen Mengen, die in all ihren qualitativen Eigenschaften beschrieben werden müssen, bestehen bestimmte Beziehungen. Zur Analyse dieser Relationen genügt es nicht, nur die Marktwerte der input- und output-Faktoren zu vergleichen, weil diese Werte von den Preisen und physischen Relationen gleichzeitig abhängen. Die Einführung des Preisproblems ist aber erst der nächste Schritt.

Die quantitative Beschreibung der input-output Relationen, die eine gegebene wirtschaftliche Aktivität charakterisieren, kann man als die Analyse der Struktur dieser Aktivität bezeichnen. So hat z. B. nicht nur jeder Zweig der Industrie, sondern auch der Haushalt eines Arbeiters eine besondere Struktur. Er kauft gewisse Güter: Lebensmittel, Kleider usw. Er hat auch einen „output": er leistet nämlich Arbeit. Um ein anderes Beispiel zu nehmen: Eine Schule, die dem Kultusministerium untersteht, kann ebenso als eine Aktivität betrachtet werden. Sie hat einen input und einen output. Sie leistet nämlich, indem sie lehrt, d. h. sie produziert eine bestimmte Anzahl Schüler, transformiert z. B. die Schüler der vierten in die Schüler der fünften Klasse, und sie gebraucht u. a. Gebäude, Heizmaterial usw. Man könnte also von einer Struktur des Unterrichtswesens sprechen. Die Universität hat demnach natürlich eine andere Struktur als die Volksschule.

2. *Die direkte und indirekte Interdependenz zwischen den einzelnen Aktivitäten ist im wesentlichen — ich will nicht sagen ausschließlich — dadurch bedingt, daß das Produkt einer Aktivität den input einer anderen Aktivität ausmacht.* So benötigt der Produzent von Automobilen als input Stahl; der Stahl ist aber der output des Stahlproduzenten. Es kann natürlich sein, daß Aktivitäten in einer bestimmten Region oder einem Lande Einsätze benötigen, die in einem anderen Lande produziert werden. Diese letztere Betrachtung deutet schon an, wo der Ansatz zur grundsätzlichen Analyse interregionaler Beziehungen zu finden ist.

3. Im Rahmen einer analytischen Problemstellung und einer entsprechenden Tatsachenbeschreibung ist es zweckmäßig — wenn auch nicht unbedingt notwendig — einen Unterschied zu machen zwischen

a) den Gütern und Dienstleistungen, die als Ausstoß gegebener Aktivitäten betrachtet werden und deren Mengen deshalb zu erklären sind und

b) den Gütern und Dienstleistungen, deren Mengen als gegeben (obgleich nicht unbedingt als konstant) anzusehen sind. Solche Güter und Dienstleistungen kann man als primäre Produktionsfaktoren bezeichnen.

Ich habe gesagt, daß diese Unterscheidung nur zweckmäßig ist, denn ich bin der Ansicht, daß es absolute Notwendigkeiten in wirtschaftlichen Analysen nicht gibt. Wir verwenden Begriffsdefinitionen, solange sie praktisch sind; sie werden zur Seite geschoben, wenn man nicht mehr damit arbeiten kann. Es liegt uns also nicht an einer metaphysischen Fundierung, sondern an pragmatischer Zweckmäßigkeit der Definitionen. Falls man mit einem theoretischen System arbeitet, das das Arbeitsangebot nicht erklärt, sondern als gegeben annimmt, so muß man die Arbeit als einen primären Produktionsfaktor betrachten. Falls man aber malthusianisch gesinnt ist und die jeweils vorhandene Menge der Arbeit in ihrer Beziehung zur Nahrungsmittelmenge betrachten will, so ist sie kein primärer Faktor. In diesem Fall ist sie ein Produkt, welches im Prozeß der Bevölkerungsentwicklung sozusagen durch den Einsatz der Ernährungsmittel erzeugt wird. Für den landwirtschaftlichen Grund und Boden gilt das gleiche. Sieht man ihn als gegeben an, dann stellt er einen primären Faktor dar. Betrachtet man seine Herkunft oder seine Verbesserung, so ist er in diesem Sinne kein primärer Faktor, sondern ein produziertes Gut. Ob man einen Einsatz als Produkt oder primären Faktor bezeichnet und beschreibt, hängt also von der Zielsetzung ab, für die man die Analyse aufstellt. Das genaue Beschreiben ist jedoch in jedem Falle sehr wichtig. So wird z. B. in den statischen Analysen, bei denen man auf kurze Sicht arbeitet, das Kapital als primärer Faktor behandelt. Langfristig kann man es aber akkummulieren. Dann ist es in gewissem Sinne eine Produkt.

4. Je nach der größeren oder geringeren Detaillierung des Klassifikationsschemas, mit dem die betrachteten Wirtschaftsaktivitäten beschrieben werden, ist die Analyse ihrer gegenseitigen Beziehungen mehr oder weniger aggregativ. Man kann die Gesamtwirtschaft eines Landes durch drei Ziffern zu beschreiben versuchen: Das Volkseinkommen, die Gesamtarbeitskraft sowie das Gesamtkapital. Jede der drei Größen repräsentiert eine Kombination von vielen verschiedenen Bestandteilen, die man sozusagen zusammen einklammert. Eine derartige Beschreibung ist nicht sehr detailliert. Will man jedoch mehr qualitative Unterschiede machen, so wird man öfters die Bruttoproduktion aufteilen in landwirtschaftliche Produktion, industrielle Produktion und Dienstleistungen (tertiäre Aktivitäten). Diese Unterteilung des Volkseinkommens in seine drei sektoralen Komponenten bleibt aber immer noch sehr aggregativ, weil es viele Arten von Industrieprodukten gibt. So kann man zur detaillierteren Analyse weiter vordringen und jede dieser drei Leistungs- und Gütergruppen in zwei, drei oder sogar zehntausend Kategorien aufspalten und jede von diesen gesondert messen und beschreiben.

Im Hinblick auf die praktische Anwendung der nationalökonomischen Analyse ist es sehr wichtig, sich dessen bewußt zu sein, daß das logische Verhältnis zwischen den verschiedenen Graden der

Aggregation den verschiedenen Approximationsgraden entspricht, die man bei den dazugehörigen numerischen Berechnungen erreichen kann. Eine Theorie ist selbstverständlich inhaltsvoller, wenn sie nicht nur die Gesamtproduktion von Roheisen erklärt, sondern eine besondere Erklärung für jede Art der Roheisenproduktion gibt. Dann hat man eine bessere Approximation erreicht. Wie würde die Nachfrage nach den Produkten des deutschen Kohlenbergbaues steigen, falls sich die Produktion von Kraftwagen in Deutschland erhöhen sollte? Es ist klar, daß irgendeine Beziehung zwischen dem Kohlenbergbau und der Kraftwagenproduktion bestehen muß. Um diese Frage genauer zu beantworten, muß man nicht nur etwas vom Kohlenbergbau und der Automobilproduktion kennen. Man muß eigentlich alle anderen Branchen der deutschen Wirtschaft beschreiben können und ihre Struktur (in dem von mir definierten Sinne) kennen, weil zwischen diesen zwei Branchen nicht nur direkte Beziehungen, sondern auch indirekte Beziehungen bestehen, die durch das gesamte Netzwerk der intersektoralen Relationen der deutschen Wirtschaft vermittelt werden. Zunächst haben wir zwei Begriffe festgestellt: Den Kohlenbergbau als eine Aktivität und den Begriff Automobilproduktion als die andere Aktivität. Damit ist die Kohlenindustrie und die Automobilindustrie definiert. Nun müssen alle anderen Industrien definiert werden und in ihrem gegenseitigen Zusammenhang — auch in ihrem Zusammenhang zum Kohlenbergbau und zum Automobilbau — analysiert werden. Die anderen Industrien lassen sich entweder in einem sehr detaillierten Schema beschreiben, oder aber auch weniger genau in zwei Gruppen aufteilen und beschreiben: in die Landwirtschaft und Industrie. Als nächstes kann man mit den Berechnungen beginnen. In der ersten — der detaillierten Berechnung — die hier nicht in allen Einzelheiten beschrieben werden soll, könnte man die Angaben über jeden Industriezweig in Betracht ziehen unter entsprechender Berücksichtigung der Unterschiede zwischen den einzelnen Produkten. Man kann — wie es z. B. in den Vereinigten Staaten der Fall gewesen ist — die Wirtschaft in 400 Industrien aufteilen, wovon der Kohlenbergbau und der Automobilbau nur zwei sind. Dann muß man aber auch jede der anderen 398 Industriezweige beschreiben. Man kann aber auch nur mit vier Industrien rechnen, von denen zwei der Kohlenbergbau und die Automobilindustrie sind. Der Rest kann dann beispielsweise in zwei Sektoren — die Landwirtschaft und „alle anderen Industrien" — aggregativ zusammengefaßt werden. Das Resultat der Berechnungen wird um so genauer, je detaillierter die Beschreibung der volkswirtschaftlichen Struktur ist. Wenn wir eine aggregative Beschreibung wählen, wird unser Resultat pari passu weniger akurat sein. Die Aggregation fordert ihren Preis, sie hat aber den Vorteil, daß die Aufbringung der notwendigen Informationen und die Durchführung der Berechnungen einen geringeren Aufwand erfordern. Die Frage, ob eine gewisse Aggregation gut ist oder nicht, läßt sich nur fallweise beantworten. Es ist davon abhängig, ob die numerischen Resultate aggregativer Analysen mehr oder weniger abweichen von den Ergebnissen sehr differenzierter Berechnungen. Logisch gesehen, ist das dieselbe Frage, die jeder Mathematiker zu beantworten hat, wenn er entscheiden will, ob mit 5 oder 20 Stellen gerechnet werden soll.

II. Die Wirtschaftsregion

5. *Für analytische Zwecke kann eine Wirtschaftsregion als eine Kombination von wirtschaftlichen Aktivitäten beschrieben werden.* Falls eine Region, z. B. Westfalen, beschrieben werden soll, so muß man zunächst fragen, welches sind die Aktivitäten, Industrien und Haushaltsarten in dieser Region. Falls man die Wirtschaftsgeschichte der Region darstellen will, muß man weiter zurückgreifen, da sich möglicherweise die Bedeutung dieser Aktivitäten verändert hat. Vielleicht sind es vor 100 Jahren in erster Linie landwirtschaftliche Aktivitäten gewesen, während heute vornehmlich industrielle Aktivitäten vorherrschen. Ein solches Bündel von wirtschaftlichen Aktivitäten ist gewöhnlich — vom regionalen Standpunkt aus gesehen — geographisch bestimmt, d. h. es muß in demselben Gebiet liegen. Das ist aber nicht immer der Fall. So beispielsweise nicht, wenn man die Beziehungen zwischen Indien und Pakistan analysieren will. Pakistan zerfällt in zwei Gebiete, die 2000 Meilen voneinander entfernt sind; trotzdem kann man von einer Region sprechen.

6. *Von diesem Standpunkte aus betrachtet, kann die Struktur einer Region eindeutig charakterisiert werden durch*

   a) die Struktur der Aktivitäten, die in ihr stattfinden (oder evtl. stattfinden könnten) und

   b) die in der Region vorhandenen Mengen von primären Produktionsfaktoren.

Wenn man von der Struktur einer Region spricht, so beschreibt man eigentlich den Inbegriff der technologischen Möglichkeiten (das, was die Engländer im 18. Jahrhundert *the State of Art* genannt haben). Will man die Struktur der Haushalte in einem Land beschreiben, dann genügt nicht der Hinweis, wieviel von ihnen in einem Jahr effektiv konsumiert wird, sondern man muß hinzufügen, was von ihnen unter verschiedenen Verhältnissen (z. B. bei einem anderen Einkommensniveau und bei einer anderen Einkommensverteilung) konsumiert werden würde. Aber auch das reicht noch nicht aus, denn nicht alle Leistungen und Güter können als Produkt irgendeiner Aktivität betrachtet werden. Die Beschreibung der produzierten Güter und Leistungen muß durch eine Beschreibung der in der Region vorhandenen Mengen der primären Produktionsfaktoren ergänzt werden. Mit diesen Daten kann man schon zu rechnen beginnen, man kann gewisse Schlüsse ziehen und bestimmte interessante Fragen behandeln. Ich muß dabei von neuem betonen, daß der Unterschied zwischen den Produktionsfaktoren und den produzierten Gütern von Natur aus nicht gegeben ist. Je partieller die Untersuchung ist, desto mehr Dinge werden notwendigerweise als Faktoren zu betrachten sein. Je weiter man in den Gegenstand der Untersuchung vordringt und den Umfang der Analyse erweitert, desto mehr Güter und Leistungen werden zu Produkten anderer Leistungen. Der Analytiker muß von Fall zu Fall entscheiden, wie weit er gehen will und kann. Seine Entscheidung hängt weitgehend von den vorhandenen Informationen ab. Je weniger Informationen vorliegen, desto partieller muß die Analyse sein. Das analytische System ist dann entsprechend weniger leistungsfähig.

III. Interregionale Wirtschaftsbeziehungen

7. Interregionale Wirtschaftsbeziehungen können eindeutig als Übertragungen (Ströme) von produzierten Gütern oder von primären Produktionsfaktoren beschrieben werden. Die Übertragung von Kaufkraftansprüchen kann als ein Gegenstrom dazu betrachtet werden. Jedes Gut und jede Leistung, die von einer in eine andere Region übertragen wird, kann als Ausstoß einer bestimmten Aktivität angesehen werden, die in der exportierenden Region lokalisiert ist und als Einsatz einer ebenso bestimmten Aktivität betrachtet wird, die in der importierenden Region ansässig ist. Deswegen muß die Analyse der Aktivitäten, welche in einer nicht vollständig autarken Region vor sich gehen, notwendigerweise die Strukturkenntnis nicht nur dieser, sondern auch aller anderen wirtschaftlich mit ihr verbundenen Regionen erfordern.

8. Wenn die Struktur einer Region und das Niveau jeder Aktivität, die in dieser Region stattfindet, bekannt ist, so kann auch der Gesamtverbrauch jedes Gutes für diese Region berechnet werden. Die Differenz zwischen den beiden Größen — durch die Veränderungen der Vorräte korrigiert — stellt dann die regionale Aus- bzw. Einfuhr des betreffenden Gutes dar.

9. Direkte Wirtschaftsbeziehungen zwischen zwei Regionen können nur dann bestehen, wenn eine Region Güter oder Faktoren für die in ihr betriebenen Aktivitäten gebraucht, die von der anderen Region durch Produktion der Güter oder durch Übertragung von Produktionsfaktoren zur Verfügung gestellt werden.

Hierzu ist nur zu sagen, daß die Übertragung von Faktoren wie die Wanderung der Arbeit und das Ausleihen von Kapital ebenso wichtig ist wie der Güterhandel. Da die Definition des Faktors sowieso etwas willkürlich ist, gilt nicht der Einwand, daß die Faktoren nicht von einer Region in die andere wandern können. Denn eine Veränderung der Definition würde eine derartige Schlußfolgerung ändern.

Für manche praktische Anliegen hat es sich als zweckmäßig erwiesen, einzelne Wirtschaftsregionen so zu definieren und voneinander abzugrenzen, daß die interne Struktur jeder einzelnen Region eine größtmögliche Homogenität aufweist, d. h. nur eine geringe Zahl von verschiedenen Aktivitäten enthält. In diesem Fall wird jede einzelne Region natürlich sehr „offen" sein. Sie wird größtenteils ihre Einsätze von anderen Regionen beziehen und einen großen Teil ihrer Produktion an andere Regionen liefern müssen. Im Extremfall sind dann die Einzelregionen so definiert, daß jede nur eine einzelne Aktivität, also eine einzelne Industrie enthält.

Andererseits sind manchmal die Regionen voneinander so abgegrenzt, daß der interregionale Güteraustausch so niedrig wie nur möglich zu sein erscheint. Das bedeutet, daß man die Grenzen zwischen den einzelnen Regionen so gezogen hat, daß jede von ihnen größtmögliche Autarkie aufweist. In diesem Fall wird keine Region homogen in ihrer internen Struktur sein können, denn Autarkie von innen heraus betrachtet bedeutet das Vorhandensein von vielen verschiedenen Aktivitäten.

Ob man das Homogenitäts- oder das Autarkieprinzip bei einer Regionalaufteilung bevorzugen soll, das hängt davon ab, welches Problem man zu lösen hat. Zu bemerken bleibt jedoch, daß wir vielfach überhaupt nicht frei für eine solche Wahl sind, da die Abgrenzung zwischen den einzelnen Regionen aus politischen oder anderen Gründen von vornherein festgelegt worden ist.

10. Interregionale Güterbewegungen können analytisch als durch die Strukturen der daran direkt oder indirekt beteiligten Regionen bestimmt betrachtet werden. In diesem Sinne hat der interregionale Handel keine eigene Struktur.

In der Literatur ist sehr viel geschrieben worden über die Struktur des Handels. Auch hier handelt es sich freilich wieder um ein Definitionsproblem. Wenn man in dem Sinne, in dem ich davon gesprochen habe, die Strukturen der handelnden Regionen beschreibt, so ergeben sich alle erforderlichen strukturellen Informationen, um den Handel zwischen den Regionen zu analysieren. Vom Transportkostenproblem wollen wir in diesem Zusammenhang einmal absehen. Ich glaube, daß man die Probleme des interregionalen Handels überhaupt nicht behandeln kann, ohne die Strukturen der einzelnen Regionen als solche zu kennen. Wenn man andererseits mit genügend analytischem Verständnis und Informationen die Strukturen der einzelnen Regionen analysiert, so werden die interregionalen Wirtschaftsbeziehungen sich gleichzeitig sozusagen von selbst erklären. Das Verständnis der interregionalen ökonomischen Beziehungen ist die Frucht der Analysen der Strukturen der einzelnen Regionen.

11. Die miteinander in Verbindung stehenden Regionen können nicht nur verschiedene, sondern im Prinzip ganz unvergleichbare Strukturen besitzen. Sie können z. B. verschiedene Produktionsverfahren für die Herstellung derselben Güter verwenden und auch vollkommen verschiedene, also unvergleichbare Güter produzieren und konsumieren. Sie können selbst vollkommen verschiedene Faktoren besitzen. Der Mangel direkter Vergleichbarkeit der Wirtschaftsstrukturen der miteinander in Verbindung stehenden Regionen schränkt aber die analytische Behandlung ihrer gegenseitigen Beziehungen nicht ein.

Die Unvergleichbarkeit der Strukturen, z. B. der Textilindustrie in Deutschland mit der Textilindustrie in Frankreich, schließt nicht die Möglichkeit der Erklärung aus, warum Frankreich oder Deutschland diese oder jene Textilprodukte exportiert oder importiert. Mit Hilfe der strukturellen Beschreibung beider Aktivitäten in beiden Regionen kann man ausrechnen, wie Veränderungen der Produktionsmethoden in der einen Region das Niveau der Produktion in der anderen Region beeinflussen würden. Wichtig ist die Kenntnis der beiden Strukturen, nicht ihre Vergleichbarkeit.

IV. Theoretische Ansätze zur empirischen Analyse interregionaler Wirtschaftsbeziehungen

12. Aufgrund gewisser empirischer Angaben (oder Annahmen) will man analytisch ableiten:
a) das Niveau aller wirtschaftlichen Aktivitäten in jeder der miteinander in Verbindung stehenden Regionen,
b) die Zusammensetzung und das Niveau aller interregionalen Güterübertragungen (Handelsströme).

13. Die Definition des geographischen Umfanges der einzelnen Regionen und ihre mögliche Aufteilung in kleinere Einheiten oder ihre Zusammenfassung zu größeren Wirtschaftsgebieten stellt vom analytischen Standpunkt her gesehen ein typisches Klassifikations- bzw. Aggregationsproblem dar.

Die Entscheidung, in wieviele Regionen und auf welche Weise ein Gebiet aufgeteilt werden soll, ist von der jeweiligen Problemstellung abhängig (vgl. Punkt 8).

14. Je nach der Beschaffenheit der direkt beobachteten oder hypothetisch postulierten Daten wird die darauf basierende Analyse von größerer oder geringerer Partialität sein.

Wenn man mehr aggregativ — also mit wenigen Regionen — arbeitet, wird das Resultat nicht so genau sein, da sozusagen mit regionalen Durchschnittswerten gerechnet wird. Manchmal ist man aber bereit, gewisse Ungenauigkeiten in Kauf zu nehmen, wenn dadurch Kosten gespart werden. Das grundsätzliche Problem ist das der Detaillierung in der Klassifikation; die Klassifikation der Güter, der Aktivitäten sowie der Regionen muß dabei in einem richtigen Verhältnis zueinander stehen. Es würde beispielsweise ziemlich unsinnig sein, eine sehr detaillierte Klassifikation der Güter und eine sehr grobe Klassifikation der Regionen zu geben. Man soll stets so vorgehen, daß alle Informationen bestmöglichst ausgenutzt werden, um dadurch die Ungenauigkeiten in allen Richtungen in gleichem Maße auszugleichen. Man kann in dieser Hinsicht von einem Problem der Strategie der Forschung sprechen.

15. Die Berücksichtigung des genauen Anteils der Transportkosten am Ausstoß anderer Aktivitäten ist analytisch besonders kompliziert. Deswegen wird diese Art von wirtschaftlicher Interdependenz meist analytisch vernachlässigt.

V. Beispiele tatsächlich durchgeführter struktureller Analysen

16. Eine Gesamtanalyse, in der
a) die Strukturen aller interregional in Verbindung stehenden Aktivitäten berücksichtigt und
b) die Produktion, der Verbrauch sowie die Gesamteinfuhr und -ausfuhr jeden Gutes in jeder Region bestimmt werden. Dabei wird aber eine vereinfachte Aufteilung (Klassifikation) aller Güter in
b_1) interregional transportfähige,
b_2) interregional nicht-transportfähige Güter
verwendet und außerdem die interregionale Verteilung der Produktion (aber nicht des Verbrauchs, also des Einsatzes) der transportfähigen Güter als gegeben angenommen.

17. Eine Partialanalyse, die für ein einzelnes Gut alle regionalen Produktions- und Konsumniveaus als gegeben annimmt und die aufgrund der ebenfalls gegebenen Transporttarife das optimale interregionale Belieferungsschema zu berechnen erlaubt.

18. Anwendungen der unter 17 beschriebenen partiellen Methode auf die Ergebnisse der unter 16 beschriebenen Gesamtanalyse.

19. Eine Partialanalyse, bei der man, anstatt — wie unter 17 von einer gegebenen regionalen Produktionsverteilung auszugehen — nur noch die Produktionskosten jedes Gutes in jeder Region als gegeben betrachtet.

20. Eine Analyse, in der die regionale Produktionsverteilung mehrerer Güter gleichzeitig berechnet wird. In diesem Falle geht man von der Annahme aus, daß

a) alle in Betracht kommenden Güter für ihre Produktion in jeder einzelnen Region den Einsatz nur eines und desselben Produktionsfaktors beanspruchen,

b) der jeweilige Produktionsfaktor in jeder Region in einer begrenzten Quantität vorhanden ist und

c) die Preise aller Güter in allen Regionen gegeben sind. Eigentlich handelt es sich dabei um eine auf dem Ricardianischen Rentenprinzip basierende partielle Analyse, aufgrund derer man die günstigste Verteilung des primären Produktionsfaktors zwischen den einzelnen Aktivitäten für jede einzelne Region gesondert berechnet.

VI. Ausblicke für weitere Forschung

Zum Schluß möchte ich ganz kurz zusammenfassen, welche Methoden eine weitere Forschung auf diesem Gebiet ermöglichen.

21. Methoden, bei denen das Gesamtbild des interregionalen Güteraustausches auf die Grundstrukturen der einzelnen Regionen bezogen wird, sind den „behavioristischen" Methoden vorzuziehen, die im wesentlichen auf der Korrelation und Extrapolation historischer Zeitreihen beruhen.

22. Ausbaufähig sind solche Methoden, bei denen eine immer größere Anzahl von detaillierten statistischen Daten in einer logischen Weise analytisch verarbeitet wird, ohne diese durch aggregative Verfahren „ausgleichen" zu müssen. Sie sind auf lange Sicht den „einfacheren" Partialmethoden vorzuziehen.

23. Im Dienste allgemeiner wirtschaftspolitischer Aufgaben sind diejenigen Methoden, welche die Interdependenz zwischen den verschiedenen Aktivitäten und demgemäß auch zwischen den verschiedenen Regionen berücksichtigen, den partiellen Verfahren vorzuziehen, die jedes Gut oder jede Region gesondert behandeln.

Generaldiskussion

Vorsitzender Professor Dr. Erwin *von Beckerath* (Bonn):

Herr Leontief, meine Damen und Herren! Ich brauche wohl kaum ein besonderes Wort des Dankes zu sprechen, denn der Beifall, den Sie, Herr Kollege Leontief, bekommen haben, bringt ja die Gesinnung des Dankes zum Ausdruck, die wir Ihnen gegenüber hegen. Wenn man sieht, daß diese bedeutenden von Ihnen entwickelten Methoden in Amerika bereits angewandt werden, dann möchte man mit Goethe sagen: Amerika, du hast es besser! Aber ich glaube, meine Damen und Herren, daß insbesondere die Europäische Wirtschaftsgemeinschaft uns dazu nötigen wird, die interregionalen Beziehungen wirtschaftlicher Aktivitäten zu studieren. Und so bin ich überzeugt, daß Ihre Reise, Herr Leontief, für Europa und für uns konkrete Früchte zeitigen wird.

Im Namen aller Anwesenden danke ich Ihnen sehr herzlich für Ihre Ausführungen und hoffe auf eine sehr lebhafte Diskussion. Es gibt sicherlich auch noch eine ganze Reihe von Fragen, um gewisse Dinge etwas deutlicher vor unserem Auge entstehen zu lassen. Nun ist zunächst vorgesehen, daß drei vorbereitete Diskussionsbeiträge, ich möchte annehmen und hoffen, uns möglichst kurz beschäftigen werden, damit wir dann zu einer lebendigen Diskussion kommen, die sich aus Einwürfen und Fragestellungen ergibt. Zunächst darf ich Ihnen, Herr Kollege Hoffmann, das Wort geben, um den Diskussionsbeitrag von Professor Tinbergen zu verlesen.

Professor Dr. Jan *Tinbergen* (Den Haag):

Die Folgen gewisser wirtschaftspolitischer Entscheidungen treten erst mehrere Jahre nachher ein, wie z. B. die Folgen wichtiger Investitionsentscheidungen oder Entschlüsse über die Berufswahl oder den Schulbau. Es ist im Interesse einer möglichst großen Treffsicherheit dieser Entscheidung, daß die verantwortliche Instanz — ob Unternehmung oder Regierungsinstanz — sich eine Idee bildet über die voraussichtliche Entwicklung der Wirtschaft. Oft ist dabei die Kenntnis der Entwicklung einzelner Branchen ausschlaggebend; d. h. also, daß ein ziemlich detailliertes Bild der Entwicklung erwünscht ist.

Die Technik solcher Vorhersagen — oder, in gewissen Fällen „Planungen" — ist eine Disziplin für sich, die, ebenso wie andere Techniken, gewissen wirtschaftlichen Gesetzen gehorchen soll. In ihrem Fall handelt es sich darum, ein Optimum zu finden, das sowohl der Genauigkeit wie der praktischen Durchführbarkeit der Berechnungen Aufmerksamkeit widmet. Vollkommene Genauigkeit verträgt sich nämlich im allgemeinen *nicht* mit praktischer Durchführbarkeit; beide können nur teilweise verwirklicht werden.

In mancher Hinsicht ist die von Professor Leontief entwickelte Methode eine optimale Technik dieser Art. Sie hat den großen Vorteil, einen sehr wichtigen Zug der Wirklichkeit einzubeziehen, der in den einfacheren Methoden nicht zum Ausdruck kommt, nämlich die sogenannte „Zirkularität" der Produktionszusammenhänge. Das einfachste Beispiel dieses Zuges ist vielleicht folgendes: eine Ausdehnung des Verkehrs erheischt eine Ausdehnung der Energieproduktion und eine Ausdehnung der Energieproduktion erheischt zu gleicher Zeit eine Ausdehnung in einem anderen Verhältnis, des Verkehrs.

Die Methode beruht auf verschiedenen Annahmen, die mit der Wirklichkeit nicht genau übereinstimmen. Es ist ein Leichtes, eine ganze Liste solcher, meist kleinen, Ungenauigkeiten, zusammenzusetzen. Damit ist die Methode jedoch *nicht* verurteilt. Die wesentliche Frage ist nämlich, eine gleichfalls *durchführbare* bessere Methode anzugeben. Die meisten Kritiker haben dies übersehen. Trotzdem sind gewisse Korrekturen möglich und Professor Leontief und seine Mitarbeiter arbeiten täglich an der Ausweitung der Methode. Dabei soll übrigens nie vergessen werden, daß weitaus das größte Arbeitsvolumen für die Ansammlung des Grundmaterials notwendig ist.

Die jüngste Ausdehnung der Methode bezieht sich auf die *regionale Aufspaltung* der Einsatzmengen. Hierdurch werden *neue* Problemkreise für eine *praktische* und zahlenmäßige Durchleuchtung eröffnet. Das einfachste Beispiel ist wohl, die Folgen von Änderungen in der Nachfrageschablone für die relative Entwicklung verschiedener Regionen aufzudecken. Die Annahmen, die hier gemacht werden, sind selbstverständlich noch spezieller als diejenigen, die bei der ursprünglichen Methode gemacht wurden. Es werden namentlich fixe Proportionen in dem regionalen Ursprung der Einsätze angenommen. Wir müssen natürlich hoffen, daß es möglich sein wird, hier später gewisse Substitutionserscheinungen einzubeziehen. Trotzdem ist diese jüngste Entwicklung als eine wesentliche Bereicherung unseres Könnens zu betrachten. Sie setzt uns auch in Stand, die Substitutionseinflüsse als Residuum zwischen Wirklichkeit und Berechnung einzuschätzen.

Eine der Bemerkungen Professor Leontiefs bedarf besonderer Betonung. Richtigerweise weist er darauf hin, daß sowohl die Güter wie auch die Produktionsfaktoren verschiedener nationaler Wirtschaften unvergleichbar sein können. Das heißt, daß ein deutscher Arbeiter nicht ohne weiteres einem amerikanischen oder einem italienischen Arbeiter gleichgesetzt werden kann. Damit berührt er einen Punkt, den wir in unseren Theorien über den internationalen Handel zu leichtfertig behandelt haben. Allerdings kann man versuchen, einen groben Eindruck der verschiedenen Produktivität verschiedener Nationen zu gewinnen, indem man versucht, den Einfluß des Faktors „Kapital" auf die Produktion einzuschätzen. Mit Hilfe dieser Kenntnis kann man die beobachtete Produktion je Kopf korrigieren für die Unterschiede in den Kapitalmengen je Kopf. Die noch bleibenden Unterschiede können als eine grobe erste Annäherung der Unterschiede zwischen den Arbeitern verschiedener Nationalität betrachtet werden.

Vorsitzender Professor Dr. Erwin *von Beckerath* (Bonn):

Darf ich Herrn Kollegen Egner bitten, nunmehr das Wort zu ergreifen.

Professor Dr. Erich *Egner* (Göttingen):

Wenn man sich nicht nur Regionalfragen, sondern auch den Problemen des Haushalts verschrieben hat, dann konnte man mit Freude beobachten, mit welcher Selbstverständlichkeit der private Haushalt hier auf dieselbe Formel der wirtschaftlichen Aktivität wie der Erwerbsbetrieb oder der öffentliche Haushalt gebracht wurde, wie er mit diesen zusammen als regionales Strukturmerkmal gesehen wurde. Von diesem mir speziell naheliegenden Gesichtspunkt abgesehen scheint es mir das Hauptmerkmal der Leontiefschen Konzeption zu sein, daß er in einer wahrhaft großzügigen Vereinfachung komplizierte regionale und interregionale Zusammenhänge in seinem Schema einfängt und mit seiner Hilfe von den Marktströmen her die regionalen Grundstrukturen erkennbar werden läßt. Die dadurch erlangte Überschau erinnert in ihrer Konzeption geradezu an die Feldtheorie der modernen Physik und ist sicher ein echter Gewinn der Regionalforschung.

Die Fachkritik muß der Input-Output-Analyse gegenüber trotz solcher Einschätzung prüfen, welche Frage sie im einzelnen beantworten kann und wo ihre Grenzen liegen. An diesem Punkte scheiden sich naturgemäß die Geister. Wenn ein Nationalökonom, der weder Statistiker noch Ökonometriker ist, hier dazu einige Bemerkungen macht, so kann er das gleichsam nur als Zaungast tun. Aus einer pragmatischen Sicht kann man der regionalen Input-Output-Analyse gegenüber, so scheint mir, das sagen, was der Philosoph der Region, in der wir uns hier befinden, in die Worte faßte:

„Der Architekt ist hochverehrlich,
obschon die Kosten oft beschwerlich."

Das gilt hier in einem wortwörtlichen Sinne, da das Input-Output-Verfahren neben den Schwierigkeiten der Materialbeschaffung und trotz seiner vereinfachenden Problemstellung praktisch einen so großen Aufbereitungsapparat erfordert, soviel Zeit zur Aufbereitung beansprucht, daß man hinterher fragen muß, ob die gewonnenen Einsichten in einem Verhältnis zu dem getriebenen Aufwande stehen. Allerdings ist zuzugeben, daß solch ein Bedenken nichts an der grundsätzlichen Bedeutung ändert, die diesem Erkenntnisinstrument zukommt. Deswegen ist viel wichtiger die Frage, wo im Prinzip die *Grenzen der*

Erkenntnismöglichkeiten für eine solche Methodik liegen. Sie erblicke ich darin, daß man hier wohl Interdependenzen zwischen allen den wirtschaftlichen Aktivitäten feststellen, daß man sich einen Aufriß der regionalen Wirtschaftsstruktur verschaffen kann, aber doch nicht mehr. Man kann eine Momentphotographie der Wechselbeziehungen inner- und überregionaler Art machen, man kann solche auch filmartig nebeneinanderstellen. Man kann von den Vergangenheitswerten aus selbst Zukunftsprojektionen vornehmen. Man erhält aber keine Antwort auf die Frage, *warum* die Verflechtungen gerade diese beobachtete Struktur haben, *warum* die Spezialisierungen zwischen den Regionen sich in bestimmter Weise eingespielt haben und weiterentwickeln. Darüber kann man nur etwas wissen, wenn man von der bloßen Phänomenologie zur Ätiologie übergeht und eine *Kausalanalyse* vornimmt.

Nur durch die Frage nach den Ursachen kann man das Zustandekommen dieser oder jener regionalen Wirtschaftsstruktur aufklären, nur so kann man auch der Kräfte gewahr werden, welche die regionale und interregionale Entwicklung bestimmen, die Preisbewegungen, die Einkommens- und Vermögensverteilung, die Qualifizierung der Arbeitskräfte, die Kapitalbildung, die Wanderungen von Menschen und Kapital und anderes mehr. Eine solche kausale Betrachtung ist nicht mehr in der Form einer bloßen quantitativen Zusammenhangsanalyse möglich, sondern erfordert darüber hinaus die Heranziehung qualitativer Kriterien. Warum hat sich dieser Raum stark expansiv entwickelt, während jener andere rückständig blieb? Dabei spielt die Marktlage, spielen die Preisverhältnisse zwar eine wichtige Rolle. Trotzdem können diese Entwicklungsunterschiede nicht nur durch eine markttheoretische Betrachtung verständlich gemacht werden. Es muß die ganze Bedingungskonstellation, besonders auch diejenige politischer und sozialer Art, in Rechnung gestellt werden. Das macht heute das Beispiel der sog. unterentwickelten Länder am besten deutlich.

Die Grenzen der quantitativen Regionalanalyse erkennt man noch von einer anderen Seite her, wenn man nämlich nach den Abgrenzungen der Regionen fragt. Diese wird bei der Input-Output-Analyse als gegeben vorausgesetzt. Wenn wir uns heute aber so sehr um die Regionen bemühen, so müssen wir auch sagen können, zu welchem Ende wir die regionalen Abgrenzungen betreiben und welche Kriterien wir dabei zugrunde legen. Solche Fragen können weder durch die Interdependenzbetrachtung wirtschaftlicher Aktivitäten noch durch eine Kausalanalyse allein beantwortet werden, so gewiß beide dabei auch mitzusprechen haben. Das bedarf darüber hinaus der *finalen Betrachtungsweise,* weil die Region letztlich ein Ordnungsprinzip ist, das der moderne Mensch in dieser Welt einzusetzen sucht und das aus der wirtschaftspolitischen Grundidee der Gleichheit der Chancen für jedermann folgt. Wenn man verhindern will, daß jemand, der in dem Teilraum A wohnt, nur deshalb geringere Möglichkeiten der Entfaltung seines ökonomischen, sozialen und kulturellen Standards hat, als derjenige, der im Teilraum B wohnt, so muß man eine regionale Entwicklungspolitik treiben, die hier auszugleichen sucht.

Diese These vom wirtschaftspolitischen Charakter der Regionsidee stößt allerdings auf den Widerspruch des heute weit verbreiteten Regionsrealismus, der die Region nach vorgefundenen Merkmalen der Wirklichkeit aufdecken möchte. Demgegenüber sei zugegeben, daß es echte regionale Züge in der Wirklichkeit gibt, diejenigen natürlicher Regionen einerseits und solche historisch gewordener, als Wirkung menschlichen Handels entstandener Regionen andererseits. Es muß aber auch festgestellt werden, daß es sich dabei nur um Einzelzüge der Wirklichkeit, keineswegs um etwas handelt, was unser ganzes Dasein oder auch nur unser Wirtschaftsleben durchgehend formt. Die in der Wirklichkeit vorgefundenen räumlichen Gliederungselemente schließen sich nicht zu einer einheitlichen Gesamtordnung zusammen. So erfaßt vielfach ein einzelnes Ordnungselement den Raum nur teilweise — ein Kartell, das Filialsystem einer Bank —, darüber hinaus fügen sich die verschiedenen Ordnungselemente nicht zu einem Ganzen zusammen. Das gilt schon für den wirtschaftlichen Bereich, erst recht für diesen im Verhältnis zu den anderen Seinskreisen.

Wenn daher die regionale Gliederung, die es ja immer gegeben hat, für uns einen besonderen Sinn gewinnen soll, so dadurch, daß man sie als eine *Ordnungsaufgabe* begreift, als die Aufgabe der Raumordnung. Sie besteht darin, daß man die vorgefundenen Gliederungszüge kritisch prüft und derart umgestaltet, unter Umständen auch neu setzt, so daß daraus eine Gesamtordnung, sowohl im wirtschaftlichen Bereich als auch darüber hinaus, entstehen kann. Gewiß weiß jeder interessierte Nationalökonom, wie schwierig es ist, für diese Gesamtordnung ausreichende Kriterien zu finden. Trotzdem scheint mir soviel klar zu sein, daß sie ökonomisch die Sorge für gleichmäßigen Entwicklungsverlauf in den Teilräumen, d. h. für gleiche Expansionsraten, in sich schließt.

Kausale und finale regionale Entwicklungsforschung sind daher zwei große Aufgabenkomplexe, vor die sich die heutige Nationalökonomie gestellt sieht. Sie können nur durch eine qualitativ und material orientierte Betrachtung bewältigt werden. Nur wenn man darum weiß, gewinnt man Verständnis für die Rolle der Regionalforschung in der Gegenwart. Gewiß können diese Aufgaben nicht ohne die Hilfe der quantitativen Regionalanalyse gelöst werden. Diese ist dazu berufen, unserem Denken das Wissen um die Größenordnungen und die größenmäßigen Abhängigkeiten zu vermitteln. Dabei bietet die regionale Input-Output-Analyse eine wertvolle Stütze. Immerhin muß man bedenken, daß sie auch nur *einen* Aspekt der quantitativen Betrachtung vermittelt, daß man daneben die anderen heute in der Entwicklung begriffenen Verfahren nicht aus dem Auge verlieren darf. Ich meine die regionalen Sozialproduktsberechnungen einerseits und die Erfassung der interregionalen Geldströme andererseits. Jedes dieser Verfahren vermag Zusammenhänge aufzudecken, die unser Wissen bereichern. Nicht im Ausschluß des einen oder anderen Erkenntnisinstruments, sondern in der gleichzeitigen, sich ergänzenden Ausgestaltung von ihnen allen liegt die Chance künftiger Regionalforschung beschlossen.

Vorsitzender Professor Dr. Erwin *von Beckerath* (Bonn):

Ich bitte nunmehr Herrn Kollegen Predöhl, zu uns zu sprechen.

Professor Dr. Andreas *Predöhl* (Münster):

Ich fühle mich ein wenig überfordert, wenn ich einen offiziellen Diskussionsbeitrag liefern soll. Ich habe zwar das Manuskript des Vortrages vorher bekommen, man hat auch das Anliegen an mich herangetragen, hier zu sprechen. Ich bringe aber keinen vorbereiteten Diskussionsbeitrag mit, sondern möchte nur ein paar Bemerkungen machen. Das paßt vielleicht ganz gut zu der Anregung von Herrn v. Beckerath, daß eine möglichst aufgelockerte Diskussion stattfinden solle.

Ich möchte sagen, wie ich die Dinge vom Standpunkt des Empirikers der Weltwirtschaftsforschung sehe. Diejenigen, die sich mit weltwirtschaftlichen Problemen beschäftigen, fühlen sich eigentlich von der Theorie weitgehend im Stiche gelassen. Mit der alten Theorie des internationalen Handels können wir nicht mehr viel anfangen, seitdem es so große Staatsräume wie die der Vereinigten Staaten und der Sowjetunion gibt. Sehen wir uns aber um, was es an Theorie des räumlichen Gleichgewichts gibt — das ist es ja, was wir brauchen —, dann werden wir ebenfalls nicht befriedigt. Wenn wir das großartige Gedankengebäude von Herrn Leontief nehmen und die input-output-Methode mit Isard auf den Raum übertragen, so läuft das in weltwirtschaftlichem Rahmen darauf hinaus, daß man die Welt in Planquadrate geeigneter Größe aufteilt und deren funktionale Beziehungen erörtert. Damit erklären wir aber — und hier berühre ich mich mit Herrn Egner — nicht die Strukturen, sondern nehmen die Strukturen als gegeben an. Was ich aber als Weltwirtschaftler wissen will, ist, warum die Strukturen so und nicht anders sind. Wenn ich Herrn Leontief richtig verstehe, kann er erklären und mit elektronischen Rechenmaschinen ausrechnen, welche Veränderungen sich ergeben, wenn er an einer bestimmten Stelle den Schalthebel ansetzt. Aber die Anfangsstrukturen erklärt er nicht. Der einzige, der so etwas wie eine Theorie der Raumordnung im Ganzen versucht hat, ist Lösch gewesen, den unser Herr Vorsitzender heute morgen, wenn auch ohne Nennung seines Namens, aprostrophiert hat. Aber auch Löschs Werk kann dem Empiriker wenig bieten. Brinkmann hat es einmal ein geniales Buch genannt, aber ein Buch von einer spezifisch schwäbischen Genialität. Es ist sehr stark ins Extrem getrieben und in seinen Voraussetzungen übervereinfacht. Die neuere Theorie des internationalen Handels aber ist insoweit auf ein abwegiges Gleis geraten, als sie den Außenhandel einseitig von der Volkswirtschaft her sieht; das zeigt schon die Bezeichnung „offene Volkswirtschaft". Vom Standpunkt der Beschäftigungstheorie ist das zu billigen, es sagt uns aber gar nichts über weltwirtschaftliche Zusammenhänge. Ja, um überhaupt zu wissen, wo die Schalthebel einer ökonomischen Beschäftigungstheorie liegen, muß man erst die Struktur der Weltwirtschaft kennen. Sie können die Niederlande überhaupt nur begreifen, wenn Sie sich gedanklich an die Ruhr stellen; Sie können Dänemark nur verstehen, wenn Sie es von England her betrachten; Sie können Kanada nur begreifen, wenn Sie sich gedanklich ins ostamerikanische Industriegebiet stellen. Wir kommen also auch von hier aus wieder zur allgemeinen Gleichgewichtstheorie zurück. Wenn ich mir diese unbefriedigende Lage überlege, dann komme ich zu dem Ergebnis, daß wir wieder zu Thünen zurückkommen müssen, denn Thünen ist der einzige, der den Grundgedanken entwickelt hat, nämlich den Gedanken der konzentrischen Ordnung. Wir müssen auch die Thünensche Stadt erklären, die Thünen nur hypothetisch setzt, dann kommen wir zu dem System, das wir brauchen. Ich habe für meinen Gebrauch, weil ich mit den Standortstheorien auf der einen Seite, der unräumlichen Gleichgewichtstheorie auf der anderen nicht auskomme, die Obersätze der Thünenschen Lehre und die Obersätze der Alfred Weberschen Theorie auf das Substitutionsprinzip zurückgeführt. Ich bin mir völlig darüber klar, daß das eine sehr rudimentäre Konstruktion ist, die zwar von einigen Theoretikern wie Weigmann, Isard und Miksch weiterentwickelt, aber keineswegs zu einer vollständigen Theorie des räumlichen Gleichgewichts ausgestaltet worden ist. Solange mir aber die zünftigen Theoretiker, zu denen ich mich nicht rechne, keine brauchbare Theorie bieten, muß ich mit meinem primitiven Handwerkszeug weiterarbeiten. Also: Zurück zu Thünen! Nun hat uns zwar Herr Kollege Schneider heute interessanterweise dargelegt, daß das, was wir bei

Prof. Dr. Andreas Predöhl (Münster)

Thünen eigentlich immer für das wichtigste gehalten haben, die Theorie der räumlichen Ordnung, gar nicht das wichtigste ist, sondern nur ein Nebenprodukt. Ich muß aber sagen, dann kommt Thünen erst recht in das richtige Licht, wenn er sogar mit diesem Nebenprodukt schon etwas gebracht hat, über das heute die Theoretiker noch nicht wesentlich hinausgekommen sind.

Vorsitzender Professor Dr. Erwin *von Beckerath* (Bonn):

Wir kommen jetzt zu einer etwas aufgelösteren Diskussion. Es haben sich einige Herren bereits zum Wort gemeldet, ich bitte um weitere Wortmeldungen aus dem Kreise. Darf ich zunächst vielleicht Herrn Meinhold bitten.

Professor Dr. Helmut *Meinhold* (Heidelberg):

Ich habe nur eine kleine Anfrage an Herrn Prof. Leontief zu richten. In VI, 1 der Thesen werden Methoden abgelehnt, die auf Korrelation und Extrapolation historischer Zeitreihen beruhen. Wie stimmt das mit der Methode, die Sie, Herr Leontief, vertreten, überein? Wenn ich Ihre Methode recht verstehe, dann beruht sie doch im wesentlichen auf der Benutzung von Korrelation und Extrapolation. Wir Wirtschaftspolitiker zumal sind darauf angewiesen, derartige Matrizen sehr zeitnah, möglichst sogar etwas in die Zukunft schauend, zu ergänzen. Dabei sind Korrelationsrechnungen und Extrapolation ganz unvermeidbar. Könnten Sie also so freundlich sein, mir zu erklären, wieso Sie diese Methode hier ablehnen?

Vorsitzender Professor Dr. Erwin *von Beckerath* (Bonn):

Herr Mahr, bitte schön!

Professor Dr. Alexander *Mahr* (Wien):

Ich beurteile die Erfolgsmöglichkeiten der Input-Output-Rechnung durchaus optimistisch. Es ist meine Überzeugung, daß die Input-Output-Analyse, sobald sie einmal richtig ausgebaut ist, das beste Instrument darstellt, welches uns zu Gebote steht, um die indirekten Auswirkungen von größeren wirtschaftlichen Änderungsvorgängen feststellen zu können. Denn mit Hilfe einer solchen entsprechend detaillierten Matrix können wir ja nicht bloß feststellen, wie beispielsweise eine Verteuerung des Roheisens sich unmittelbar auf die eisenverarbeitende Industrie auswirkt, sondern wir können auch die verschiedenen Fernwirkungen feststellen, die sich dann ergeben oder die Wirkungen von großen Lohnbewegungen, oder — was heute besonders aktuell ist — die Auswirkungen des Zollabbaus im Zeitalter der europäischen Integration. Wir würden da wünschen, wenn wir in dieser Methode schon so weit wären, daß wir hier ziemlich genau die verschiedensten Fernwirkungen verfolgen können. Nun, wenn wir das noch nicht können, so liegt es in erster Linie daran, daß die Wirtschaftsstatistik noch nicht in allen Teilen hinreichend ausgebaut ist. Relativ gut ausgebaut ist sie in Deutschland und auch bei uns in Österreich auf dem Gebiet der industriellen Produktion. Hier liegen heute schon sehr genaue und detaillierte Statistiken vor, aber in anderen Sektoren fehlt noch so manches. Dann kostet es natürlich auch viel, eine entsprechend detaillierte Matrix aufzustellen, etwa eine Matrix, die — wie in den Vereinigten Staaten — 450 Felder im Quadrat hat. Das ist gewiß nicht so einfach, man kann sie auch nur mit Hilfe elektronischer Rechenmaschinen bewältigen. Aber das sind technische Probleme, die schließlich gelöst werden könnten.

Ich erwähne noch ganz kurz ein weiteres Problem, das hier sehr wichtig und meines Erachtens bis jetzt zu wenig berücksichtigt worden ist, nämlich die Veränderlichkeit der Produktionskoeffizienten, die einhergeht mit größeren wirtschaftlichen Änderungen, z. B. mit Änderungen der Lohnsätze, Verbilligung der Maschinen und dergleichen mehr. Bei Veränderlichkeit der Produktionskoeffizienten kommen wir nicht weiter mit einer rein mechanischen Anwendung der Input-Output-Matrix. Hier braucht man hochqualifizierte Nationalökonomen, und es kommt natürlich auch hinein die Kausalanalyse. Aber durch eine optimale Verbindung von Kausalanalyse und quantitativer Analyse, wie sie besonders auch durch die Input-Output-Methode ausgebaut werden kann, können wir, glaube ich, in der Zukunft die wünschenswerten Resultate erzielen.

Vorsitzender Professor Dr. Erwin *von Beckerath* (Bonn):
Herr Kollege Hanau!

Professor Dr. Arthur *Hanau* (Göttingen):
Die große Bedeutung der von unserem hochgeschätzten Kollegen Leontief entwickelten input-output-Methode im nationalen Bereich der Volkswirtschaft wird allgemein anerkannt. Mit größtem Interesse habe ich aus dem heutigen Vortrag entnommen, daß Herr Leontief eine erfolgreiche Anwendung der Methode auf den Außenhandel in

Aussicht stellt. Dies wäre eine große Hilfe bei der Aufstellung von Entwicklungsprogrammen. Bekanntlich sind die unterentwickelten Länder an der Entwicklung der Produktionen solcher Exportgüter sehr interessiert, die günstige Absatzaussichten haben. Mich interessiert diese Frage besonders hinsichtlich der Agrarerzeugnisse. Im langfristigen Trend sind die Exportaussichten am günstigsten für Erzeugnisse, deren Produktion aus klimatischen Gründen an bestimmte Standorte gebunden ist, die einer elastischen Nachfrage in bezug auf das Einkommen begegnen und die nicht leicht substituierbar sind.

Meine Frage geht dahin, ob uns die input-output-Methode wohl helfen kann, die Exportaussichten besser zu beurteilen. Die Angebot- und Nachfrageelastizitäten verändern sich, die ersteren mit der Technik, die letzteren vornehmlich mit dem Einkommen (aber auch mit den Preisen). Die zunächst statische input-output-Analyse müßte also „dynamisiert" werden; damit muß sie sich also auch aller jener Schätzungen bedienen, die mit anderen Methoden erstellt werden (Produktions- und Verbrauchsfunktionen u. a. m.).

Nach meinen Erfahrungen und Beobachtungen sind die technischen Fortschritte oder, genauer ausgedrückt, das Tempo ihrer Anwendung in der breiten landwirtschaftlichen Praxis außerordentlich schwer, wenn überhaupt, vorherzusehen. Ich erinnere z. B. an die rapide Steigerung des Anbaus von Sojabohnen in den Vereinigten Staaten, die die U.S.A. ziemlich plötzlich aus einem großen Importland vor dem Zweiten Weltkrieg in ein großes Exportland für Ölsaaten und pflanzliche Öle nach dem Zweiten Weltkrieg verwandelt hat.

Es wäre wirklich von allergrößter Bedeutung, wenn die von unserem hochgeschätzten Kollegen Leontief entwickelten Methoden die Beurteilung der Aussichten des Außenhandels auf eine sicherere Grundlage stellen könnten.

Vorsitzender Professor Dr. Erwin *von Beckerath* (Bonn):

Darf ich nunmehr Herrn Rittig bitten.

Professor Dr. Gisbert *Rittig* (Göttingen):

Ich darf — mindestens genau so bescheiden wie Herr Kollege Meinhold — mich auf einige Fragen beschränken, einige so bescheidene Fragen, daß sie vielleicht so aussehen mögen, als ob ich überhaupt nichts verstanden hätte von dem, was Herr Leontief gesagt hat. Aber ich glaube, daß es vielleicht nicht nutzlos ist, sich zu bemühen, solche Fragen zu stellen, auch wenn sie aus dem großen Reservoir von Fragen kommen, die ein Tor leicht stellen kann und viele Weise nur sehr schwer beantworten können.

In III, 9 hat Herr Leontief ausdrücklich den Ausdruck gebraucht, direkte Wirtschaftsbeziehungen zwischen zwei Regionen usw. treten nur ein, wenn die in ihr betriebenen Aktivitäten gewisse Güter und Faktoren *brauchen*. Bei diesem „brauchen" — es wäre sicher sehr schön, wenn immer gleich direkte Wirtschaftsbeziehungen eintreten würden, wenn etwas gebraucht wird — aber davon abgesehen: bei diesem „brauchen" fiel mir recht deutlich und drastisch auf, ob nicht die Grundlage der Konzeption — Herr Leontief distanzierte sich zwar sehr stark von irgendwelchen metaphysischen oder ähnlich „tiefen" Überlegungen, zu denen wir gerne neigen — also das, was immerhin hinter der Konzeption stehen mag, möglicherweise — ich weiß es nicht — der *Versuch der Herausarbeitung einer naturalen Grundstruktur* oder *des Naturalen an der wirtschaftlichen Grundstruktur* sein soll. Das scheint mir doch sehr deutlich zu sein, und da frage ich mich, inwieweit wir Nationalökonomen, die wir alle zunächst andere — nämlich ökonomische — Zusammenhänge kennen, es fertig bringen, nun diese naturale Grundstruktur so dominierend gelten zu lassen, wie es offenbar in der input-output-Methode geschieht.

Die zweite Frage schließt sich unmittelbar an die erste an: ich möchte gern wissen, ob es eine richtige Interpretation des ganzen Vorhabens von Professor Leontief ist, wenn ich mir erlaube zu sagen, daß dieses ganze System doch offenbar oder anscheinend nichts anderes ist als ein Gewimmel von technischen Koeffizienten, und zwar offenbar nur solcher technischen Koeffizienten, wie sie eben gerade vorliegen oder gegeben sind und konkret auffindbar sind. Und wenn ich diesen Punkt anrühre, so kommt es mir nicht auf den etwas banalen Hinweis an, daß technische Koeffizienten sich natürlich im Laufe der Entwicklung der Technik ändern. Es kommt mir also nicht auf die Frage an, ob wir es mit mehr oder weniger langfristig konstanten technischen Koeffizienten zutun haben oder ob sie sich irgendwie dynamisch ändern, sondern was mich irritiert, ist vielmehr der Aspekt, daß — wie wenigstens einige Theoretiker glauben annehmen zu müssen — auch die technischen Koeffizienten nicht etwa irgendwie bloße Vorgegebenheiten sind, sondern in der Art und Weise, wie sie in der Wirklichkeit auftreten, doch bereits auch schon Resultanten der gesamten ökonomischen Beziehungen sind, so daß das Ausgehen von empirisch vorgefundenen Koeffizienten eine sehr starke Abbreviatur ist dessen, was das eigentliche ganze Problemgebiet der Preistheorie ist: so aber ist es nur eine konkrete Momentaufnahme, ein konkreter Momentausschnitt, der systematisch erfaßt wird. Wenn ich richtig verstanden habe, hat Kollege Mahr ja ähnliches in gleicher

Richtung gesagt, aber in optimistischer Auslegung; ich sehe zunächst aber keine unmittelbare Möglichkeit einer Brücke zwischen dem, was die Theorie hinsichtlich der *ökonomischen* Abhängigkeit der technischen Koeffizienten sagt und dem, was uns das input-output-Modell zunächst einmal zeigt.

Schließlich, drittens, scheint mir eine gewisse Problematik, eine nicht volle Verstehbarkeit des Begriffes *Struktur* vorzuliegen. Gerade hinsichtlich dieses Punktes hat Herr Professor Leontief uns ein sehr drastisches Beispiel gezeigt; man atmete fast auf, daß es so beruhigende Dinge gibt wie die Feststellung, daß man zu einem Wagen vier Reifen braucht und eventuell noch Ersatzreifen. Aber so überzeugend dies erscheinen mag, man muß dennoch nicht unbedingt vier Reifen benötigen. Man kann motorisierte Verkehrsmittel von vielleicht zwei Reifen bis zu — wenn man an den LKW denkt — 16 Rädern oder so ähnlich variieren. Und so frage ich auch hier: was ist letzten Endes Struktur und was ist ihr gegenüber doch schon bereits ökonomisch Gefärbtes. Ich fürchte, wir werden doch etwas philosophieren müssen. So darf ich mich — es wundert mich fast, weil wir sonst oft gerne verschiedener Meinung sind — meinem Göttinger Kollegen Egner anschließen: auch ich vermisse sozusagen das Finale, das Teleologische an der ganzen, so großartig entworfenen Konzeption.

Vorsitzender Professor Dr. Erwin *von Beckerath* (Bonn):

Ich darf Herrn Kollegen König bitten!

Dozent Dr. Heinz *König* (Münster):

Ich möchte nur zwei Fragen an Herrn Professor Leontief richten, wovon die eine schon durch Herrn Professor Predöhl angedeutet wurde. Wenn ich richtig verstanden habe, hat Professor Leontief gesagt, daß es mit Hilfe der input-output-Analyse möglich sei, die Standortbildung in der Wirtschaft zu bestimmen. Soweit mir bekannt ist, können mit Hilfe der input-output-Analyse nur gewisse Veränderungen der Güterströme bei gegebenen Veränderungen der Endnachfrage oder der Nachfrage nach bestimmten input-Faktoren analysiert werden. Es besteht aber nicht die Möglichkeit, die räumliche Ordnung der Wirtschaft selbst zu untersuchen. Ich darf Herrn Professor Leontief bitten, näheres über dieses Problem zu sagen.

Meine zweite Frage hängt mit der von Herrn Professor Leontief in den Vordergrund gestellten Aggregationsproblematik zusammen. Es wurde behauptet, daß eine hohe Aggregation zur Ungenauigkeit in den Resultaten führen würde, und zwar gegenüber den Ergebnissen weniger aggregierter input-ouput-Analysen. Von O. Morgenstern und T. Whitin wurde aber gezeigt, daß die Inversen nicht-aggregierter und aggregierter Matrizen nur geringfügige Differenzen aufweisen. Anders ausgedrückt, der Wert der Produktionskoeffizienten der nicht aggregierten Sektoren in einer input-ouput-Analyse ist davon unabhängig, ob man die restlichen Sektoren aggregiert oder differenziert behandelt. Das bedeutet aber, daß man mit Hilfe aggregierter Matrizen für die zu analysierenden Sektoren hinreichend brauchbare Resultate erzielen kann, und man nicht die Befürchtung haben muß, daß der Produktionskoeffizient des nicht aggregierten Sektors von dem gewählten Aggregationsgrad abhängig ist.

Vorsitzender Professor Dr. Erwin *von Beckerath* (Bonn):
Ich darf jetzt Herrn Harkort bitten.

Ministerialdirigent Dr. Günther *Harkort* (Bonn):
Ich habe den Eindruck gewonnen, man muß sein Erscheinen hinter diesem Pult motivieren, und ich möchte das sozusagen mit der schieren Lebensangst tun. Ich habe hier den Satz gelesen: „In diesem Sinne hat der interregionale Handel — ich habe natürlich internationaler Handel gelesen — keine eigene Struktur." Meine Damen und Herren, wenn das Bundeswirtschaftsministerium das hört, — was wird aus mir? Aber ernst gesprochen: Die erste Frage, Herr Professor Leontief, die ich stellen möchte, ist die: Wie werden Sie dort, wo Ihr interregionaler Handel ein Handel zwischen Währungsgebieten ist, mit dem Phänomen des Wechselkurses fertig? Man kann sicher irgendwie damit fertig werden, ich weiß aber nicht genau, wie Sie damit fertig werden. Die zweite Bemerkung geht dahin: Das Wort „Struktur" zielt im deutschen wissenschaftlichen Sprachgebrauch auf Erscheinungen in der Volkswirtschaft, die von längerer Dauer, in gewisser Weise permanent, jedenfalls relativ permanent sind. Mir scheint, daß, wenn man den interregionalen Handel allein aus den Strukturen erklärt, ein anderer Begriff der „Struktur" verwendet wird, ein Begriff der Struktur, der nicht nur das relativ Permanente umfaßt, sondern mehr.

Vorsitzender Professor Dr. Erwin *von Beckerath* (Bonn):
Meine Herren, darf ich mir eine Zwischenbemerkung erlauben, nur um festzustellen, ob ich einen Punkt richtig verstanden habe. Und zwar handelt es sich um die so oft berührte Problematik der Struktur. Ich möchte hier eine ganz konkrete Frage an Herrn Leontief richten. Ich verstehe ihn folgendermaßen. Er unterscheidet zunächst

die Aktivitäten. Diese sind ja definiert. Sie sind charakterisiert durch input-output. Ein Arbeiterhaushalt ist ebenso eine Aktivität wie ein Hochofenwerk und so fort. Und ich verstehe nun unter Struktur bei ihm zunächst nichts anderes als eine konkretisierte Aktivität, d. h. wenn ich für einen Arbeiterhaushalt Ziffern angebe über den input, der bestehen kann aus Lebensmitteln, aus Wohnungsnutzungen und so fort, und wenn ich den output angebe, welcher besteht in einer gewissen Menge Arbeit, die dieser Arbeiterhaushalt abgibt, dann würde ich sagen, hier handelt es sich um eine Struktur; sie entsteht also in dem Augenblick, wo wir von der Aktivität übergehen zu einer Konkretisierung, zu einer Feststellung dessen, was numerisch eingeht und ausgeht.

Ich habe noch eine zweite Frage, die auch schon häufig berührt worden ist. Das ist nämlich die Frage der Struktur des internationalen Handels auf die soeben Herr Dr. Harkort einging. Ist es so, daß der internationale Handel letzten Endes nichts anderes ist als — sagen wir — eine Funktion der Strukturen verschiedener Volkswirtschaften, so daß, wenn ich diese Strukturen verschiedener Volkswirtschaften genau kenne, wenn ich sie numerisch in den Griff bekommen habe, der internationale Handel sich gleichsam aus diesen Strukturen ohne weiteres ergibt, ohne ein selbständiges Gesicht zu haben? Ist das eine richtige Interpretation? Wenn das der Fall ist, dann würde ich allerdings die Bedenken, die soeben von Herrn Harkort geäußert wurden, welche Rolle spielt nun der Wechselkurs, welche Rolle spielen andere Momente, für außerordentlich erwägenswert halten. Denn ich kann mir vorstellen, daß es drei volkswirtschaftliche Strukturen gibt, a, b und c; a kann die Produkte bei b kaufen, es kann sie auch bei c kaufen. Ob es das eine oder andere tut, das ergibt sich aus solchen Momenten, wie ich sie soeben anführte. Sagen wir, aus den Tatbeständen des Wechselkurses oder aus Preisverschiebungen und so fort, so daß ich doch dafür eintreten würde, daß der internationale Handel als solcher eine eigene Struktur hat, die nicht einfach als die Resultante aus den Strukturen verschiedener Volkswirtschaften aufgefaßt werden darf.

Nun darf ich das Wort Herrn Niehans geben.

Professor Dr. Jürg *Niehans* (Zürich):

Gestatten Sie mir drei kurze Fragen. Die erste betrifft einen Gegenstand, der schon in verschiedenen Bemerkungen berührt worden ist. In diesem Exposé wird die Struktur einer Volkswirtschaft, wenn ich recht verstanden habe, definiert durch die verschiedenen Strukturkoeffizienten, also die verschiedenen inputs, die für eine Einheit output nötig wären. Außerdem wird gesagt, daß der internationale

Handel durch die derart definierten Strukturen eindeutig umschrieben sei. Es scheint mir nun etwas weit gegangen, zu behaupten, daß die Struktur des internationalen Handels durch diese technischen Koeffizienten der einzelnen Volkswirtschaften schon ausreichend umschrieben sei. Ich möchte die Frage stellen, ob ich dies so richtig verstanden habe oder ob da Qualifikationen anzubringen wären.

Dazu eine zweite Frage. Ich habe beim flüchtigen Verfolgen der Arbeiten auf diesem Gebiet im Laufe der letzten Jahre den Eindruck erhalten, daß sich das Modell, mit dem hier gearbeitet wird, schrittweise annähert an die traditionelle Produktionstheorie mit ihren Produktionsfunktionen. Im Beispiel über die Substitutionsmöglichkeiten innerhalb der amerikanischen Landwirtschaft, das heute vorgeführt wurde, habe ich eine Bestätigung für diesen Eindruck gesehen. Es würde mich interessieren, ob dieser Eindruck berechtigt erscheint oder ob ich damit zu weit gegangen bin.

Dazu kommt drittens die Frage, wie sich denn eigentlich diese Verfahren in den letzten Jahren praktisch bewährt haben. Wir sind ja auf diesem Gebiet nun aus der Stufe der allerersten Experimente hinaus. Es wird nun seit vielen Jahren gearbeitet, es müssen sich praktische Erfahrungen akkumulieren. Grundsätzlich stehen wir doch immer vor dem gleichen Problem. Wir haben auf der einen Seite ein Modell, wir haben zweitens gewisse Beobachtungstatsachen, und wir haben drittens gewisse Schlußfolgerungen, die sich aus den Beobachtungen mittels dieses Modelles ergeben. Wir haben für dieselben Zwecke verschiedene alternative Modelle und Verfahren zur Verfügung. Es würde mich interessieren, unter welchen Umständen sich nun gerade dieses Modell zu bewähren scheint, unter welchen anderen Umständen, die es sicher auch gibt, sich dieses Modell nicht besonders bewährt, wie es sich quantitativ gemessen an Erfolgen und Mißerfolgen im Vergleich zu anderen Modellen gehalten hat.

Vorsitzender Professor Dr. Erwin *von Beckerath* (Bonn):

Dann darf ich Herrn Littmann bitten.

Dozent Dr. Konrad *Littmann* (Münster):

Ich möchte nur die Frage aufwerfen, was der Begriff Region beinhaltet. Herr Professor Leontief hat Region als Kombination wirtschaftlicher Aktivitäten definiert. Mir scheint, daß hiermit noch keine eindeutige Beziehung zur Dimension Raum hergestellt ist — wie in anderen Diskussionsbeiträgen offensichtlich angenommen wurde.

Nun hätte es Zufall sein können, daß Professor Leontief den räumlichen Aspekt bei der Definition der Region nicht ausdrücklich erwähnte. Denn immerhin bezog sich das erste der verschiedenen Beispiele auf Regionen, die durch Staatsgrenzen voneinander getrennt sind. Stillschweigend muß bei dieser Art von Regionen der Raum als wesentlicher Tatbestand eingeschlossen sein. Die Analyse würde somit Auskunft über gewisse räumlich-interregionale — genauer: internationale — Wirtschaftsbeziehungen geben. Daß Staatsgrenzen freilich ein sehr schlechtes Kriterium für die Bestimmung ökonomischer Räume abgeben, ist seit Ohlin und Lösch bekannt.

Allein verstanden als Kombination wirtschaftlicher Aktivitäten braucht die Region aber auch nahezu nichts mit dem Sachverhalt des Wirtschaftsraumes gemein zu haben. Dies zeigte sich wohl sehr deutlich bei einem der späteren Beispiele. Herr Professor Leontief sagte, wir könnten ebenfalls die gesamte Textilindustrie als Region auffassen. Was gemeint ist, wurde äußerst plastisch mit der Bemerkung illustriert, man müsse dann auf der Landkarte mit dem Bleistift verschlungene Kurven ziehen, um die Region zu umschreiben. Unbestreitbar hat der Begriff Region nunmehr einen völlig anderen Inhalt bekommen: er deckt sich eher mit dem der Branche als mit dem des Wirtschaftsraumes.

Man mag einwenden, daß in der Realität zwischen verschiedenen wirtschaftlichen Aktivitäten immer eine rein physische Dimension Raum zu überwinden sei und deshalb stets der Begriff Region — gleichgültig, wie wir ihn definieren — diese Dimension Raum logisch mit umfassen muß. Das ist gewiß zutreffend. Indes scheint mir die formale Rechtfertigung analytisch wenig brauchbar. Denn ich befürchte, daß so eine Vermischung unterschiedlichster Aspekte — sagen wir produktionstechnischer und raumwirtschaftlicher Abhängigkeiten — bei der Anwendung der input-output-Analyse eintritt. Gesetzt den Fall, es gäbe im Sinne von Professor Leontief zwei Regionen A und B, nennen wir sie Kohle- und Stahlindustrie. Zwischen diesen beiden Regionen bestehen bestimmte Beziehungen. Sie könnten verursacht sein, weil die Standorte der beiden Branchen — also der beiden Regionen A und B — diese Verbindung ermöglichen; oder aber auch deshalb, weil Kohle notwendiger Input für die Stahlindustrie ist, mithin sich eine technische Abhängigkeit auswirkt. Welchen Aussagewert hat hier die Analyse überhaupt noch für das raumwirtschaftliche Problem?

Eine der spezifischen Fragen der Standortlehre lautet doch: Warum werden bestimmte wirtschaftliche Aktivitäten in einem gewissen ökonomischen Raum kombiniert, und welche Beziehungen bestehen zwischen diesen und anderen Kombinationen in anderen Wirtschaftsräumen? Das war bereits das Problem von Thünens — und ich glaube, es geht auch heute um dieses raumwirtschaftliche Problem. Wenn dem so ist, hilft hier aber der allgemeine und damit formale Ansatz der input-output-Analyse nicht weiter. Wir müßten m. E. vielmehr zunächst die Region als typisches Phänomen des Wirtschaftsraumes definieren. Vielleicht ist dann das analytische Instrument bereits anwendbar. Ich meine allerdings, der relative Anteil des Transportaufwandes am Input oder Output könnte für eine Beantwortung interregionaler raumwirtschaftlicher Fragen bedeutsamer sein.

Vorsitzender Professor Dr. Erwin *von Beckerath* (Bonn):

Darf ich jetzt Herrn Kollegen Brandt bitten.

Professor Dr. Karl *Brandt* (Marburg):

Ich habe den Eindruck, daß wir heute nachmittag sehr viele Stimmen der Kritik und des Zweifels vorbringen, wir sollten jedoch vor allem auch das Positive hervorkehren. Wenn wir uns das Schema der input-output-Tabellen einmal richtig ansehen, werden wir bald feststellen, daß wir manche Kenntnis gewinnen, die sonst nicht möglich ist. Es steht hier ein Instrument zur Verfügung, das, wie alle Instrumente der wirtschaftlichen Analyse, nur richtig eingesetzt werden muß. Die Bedeutung der input-output-Methode zur Darlegung der zwischenindustriellen Beziehungen ist allenthalben anerkannt. Warum sollten wir nicht nach weiteren Einsatzmöglichkeiten dieses Instrumentes suchen? Herr Kollege Leontief hat recht überzeugend gezeigt, daß wir es auch auf interregionale Beziehungen anwenden können. Er hat uns den Weg gewiesen, wie wir den Beziehungen zwischen — zunächst willkürlich festgelegten — Regionen nachgehen können, um die Tauschtransaktionen, die zwischen den Räumen Überschüsse oder Defizite entstehen lassen, kenntlich zu machen. So gewinnen wir ein Strukturbild des Gesamtraumes. Von größter Bedeutung ist dabei die Frage, wie die Raumeinteilung vorgenommen wird, ob sie willkürlich ist oder nicht, bzw. wie weit die Willkür in der regionalen Aufgliederung getrieben werden kann.

Ich darf an die Ausführungen von Herrn Leontief anknüpfen und auf das Beispiel Amerika Bezug nehmen. Dort hieß es, daß der Austausch mit fremden Volkswirtschaften vergleichsweise gering sei, so daß er in einer Detailanalyse des USA-Raumes vernachlässigt werden könne. Durch ein solches Vorgehen werden schon konkrete Hinweise für den Modellaufbau gewonnen. Die Aufgabe lautet jetzt, in einem geschlossenen Gebiet, z. B. einer Nation oder einer Ländergemeinschaft, eine Aufteilung in Partialräume vorzunehmen und die wirtschaftlichen Beziehungen zwischen diesen Partialräumen aufzuzeigen.

Selbstverständlich müssen wir uns nun fragen, ob wir in der Lage sind, Kriterien zu finden, um diese Zwischenaufteilung vernünftig, d. h. dem Untersuchungszweck adäquat, vorzunehmen. Solche Kriterien der Aufteilung dürfen nicht einfach aus der Luft gegriffen werden, da sonst Verbindungen zerschnitten werden, die in Wirklichkeit von größter Wichtigkeit sind. Aber sollten uns nicht ergänzende historisch-deskriptive Studien die Möglichkeit geben, die für die Aufteilung relevanten Gliederungsmerkmale zu gewinnen? Damit wäre gleichzeitig die verbindende Brücke zu jener Raumtheorie geschlagen, wie sie Herrn Egner vorschwebt.

Es taucht aber noch eine andere Frage auf, nämlich die nach der wirtschaftspolitischen Verwendbarkeit des Modelles. Wir wollen ja schließlich auch Raumpolitik betreiben. Herr Leontief hat uns in seinem Vortrag gezeigt, wie Preisänderungen oder Veränderungen der Transportkostensätze zu regionalen Verschiebungen führen. Lassen sich so die Wirkungen bestimmter Maßnahmen verfolgen, so können wir auch entsprechende Schlußfolgerungen für die Raumpolitik ziehen. Aber hier scheint es zunächst wieder notwendig zu sein, zu überlegen, was wir denn mit der Raumordnung eigentlich wollen. M. E. sind wir gezwungen, die Ergebnisse der „welfare theory" mit denen der regionalen Wirtschaftsbetrachtung zu konfrontieren. Offensichtlich besteht ja die Aufgabe darin, mit Hilfe der input-output-Analyse zu prüfen, wie unter der Voraussetzung einer optimalen Leistungsverteilung oder ganz allgemein, eines maximalen Volkswohlstandes, die einzelnen partiellen Regionen zueinander zu kooperieren sind. Das Ergebnis könnte sein — das ist eine Hypothese, die ich natürlich nicht beweisen kann — daß sich unter wohlfahrtstheoretischen Gesichtspunkten eine Situation ergäbe, bei der — ich darf einen Ausdruck von Herrn Egner gebrauchen — sich der „Ballungsraum" von Vorteil erweisen würde. Auf der anderen Seite ist es aber für jeden ernsthaften Wirtschaftspolitiker fraglich, ob nicht aus soziologischen Motiven eine solche Raumstruktur abzulehnen ist. Ist das der Fall, dann werden ökonomische und gesellschaftspolitische Zielsetzung miteinander konkurrieren, und bevor raumpolitische Entscheidungen getroffen werden, muß Klarheit über die mögliche Zielkonkurrenz geschaffen werden.

Schließlich bleibt noch ein dritter Problemkreis zu diskutieren. Es ist immer wieder davon gesprochen worden, daß wir in einer Gedenkstunde, die Thünen gewidmet ist, verpflichtet sind, Thünens Theorie in unsere erweiterte Problemstellung einzubeziehen. Das ist richtig. Aber ich glaube nicht, Herrn Kollegen Predöhl zustimmen zu können, wenn er sagt, wir sollten auf das ursprüngliche Problem, so wie es Thünen aufgeworfen hat, zurückgehen. Überlegen wir doch einmal, was in der Thünenschen Standorttheorie, im Vergleich zu einer allgemeinen Raumtheorie gesagt wird. Im Thünen-Modell haben wir es mit einem Raum zu tun, in welchem die gesamte Nachfrage an einem Punkt zusammengeballt ist, dieser konzentrierten Nachfrage steht ein über das ganze Gebiet gestreutes Angebot gegenüber. Wir haben also eine ganz spezielle räumliche Marktstruktur vor uns. Aus der regionalen Preistheorie wissen wir, daß es daneben eine Reihe anderer Strukturen gibt. Wenn wir überhaupt, im Hinblick auf die räumliche Ordnung der Wirtschaft, Marktstrukturen untersuchen wollen, dann sollten wir, Miksch folgend, zwischen konzentrierten und gestreuten Formen von Angebot und Nachfrage unterscheiden. Konzentration von Angebot und Nachfrage heißt, daß keine räumliche Ausdehnung gegeben ist, Streuung bedeutet bei beiden standortliche Differenziertheit. Sind Angebot und Nachfrage räumlich konzentriert, so haben wir unser bekanntes Modell des vollkommenen Marktes ohne räumliche Ausdehnung, eben den Punktmarkt. Thünens Modell ist der bereits geschilderte Fall eines räumlich gestreuten Angebotes bei konzentrierter Nachfrage. Aus der Umkehrung gewinnen wir ein Modell, bei dem das Angebot konzentriert ist und die Nachfrage Streuung aufweist. So können wir für Firmen gleichen Produktionsstandortes den Launhardtschen Trichter konstruieren, wir sehen dann, daß die Absatzgebiete der konkurrierenden Firmen von den Produktionskosten und den Transportkostensätzen abhängig sind. Weiter wissen wir beispielsweise, daß selbst bei ungünstigerer Ausgangspreislage aber niedrigerem Transportkostensatz in einem Ring um den Launhardtschen Trichter des ersten Konkurrenten ein zweiter Konkurrent günstiger anzubieten in der Lage ist. Endlich haben wir eine letzte Struktur, in der Angebot und Nachfrage gestreut auftreten. Aus der Launhardt-Hotellingschen Obligopoltheorie ist uns dieses Modell ebenfalls bekannt. Wir sind also in der Lage, über regionale Marktstrukturen recht vernünftige und sicherlich auch bereits zufriedenstellende Aussagen zu machen. Aber die Analyse der regionalen Marktstrukturen sagt uns nur etwas über die Position einzelner Firmen und dem gebietlichen Wettbewerbsdruck, dem jede Firma ausgesetzt ist. Wir wenden hierbei die mikro-ökonomische Partialanalyse, die für manche Fragestellungen — wie die Standortwahl oder den marktlichen Einflußbereich einer Firma — einfach notwendig ist, an. Das Verdienst von Joh. Heinrich von Thünen ist es, die Grundlagen und den Ansatzpunkt für eine derartige mikro-ökonomische Theorie geliefert zu haben. Aber deswegen dürfen wir nicht bei Thünen stehenbleiben. Sein Werk ist Erbe und Verpflichtung. Schon aus dieser Verpflichtung heraus müssen wir die Raumtheorie weiterführen. Zwangsläufig ergibt sich daraus die Aufgabe, eine makro-ökonomische, auf die Totalanalyse abstellende Theorie zu schaffen, um so globale Raumstrukturen durchleuchten zu können. Den

Ansatzpunkt hierzu bietet aber wiederum die input-output-Methode. Der Ring schließt sich, und es ist eine Frage des Erkenntniszieles und des kritischen Erkenntnisvermögens, welche Methode jeweils Anwendung findet.

Vorsitzender Professor Dr. Erwin *von Beckerath* (Bonn):

Herr Kollege Schneider, bitte.

Professor Dr. Dr. h. c. Erich *Schneider* (Kiel):

Ich möchte Herrn Kollegen Brandt danken, daß er die Diskussion wieder auf die positive Seite gewendet hat. Herr Leontief hat uns eine großartige analytische Maschine vorgeführt, und wir haben eigentlich bisher vorwiegend nur gehört, was er nicht gemacht hat. Und deshalb glaube ich, daß wir jetzt einmal seine Leistung würdigen sollten. Wenn Herr Leontief nichts anderes getan hätte, als nur in einem umfassenden Tableau économique die Interdependenz der gegenwärtigen Struktur der großen Volkswirtschaften aufgezeigt zu haben und uns damit von dem linearen Denken Böhm-Bawerks wieder zurückgeführt zu haben zu der großen Zirkularität, die zwischen allen Wirtschaftszweigen in der Volkswirtschaft besteht, und darüber hinaus die dazu notwendigen zahlenmäßigen Unterlagen beschafft zu haben, die uns heute die amtliche Statistik noch nicht liefert, dann, meine Damen und Herren, ist das eine Leistung, die der Thünens nicht nachsteht. Wenn weiter verschiedene Staaten die Mittel dafür aufwenden, sich Informationen über die Größenbeziehungen der interindustriellen Relationen zu beschaffen, dann ist das ein Beweis dafür, daß diese Informationen an sich schon einen Wert haben. In der Kritik ist die Frage nach den großen Entwicklungszusammenhängen aufgeworfen worden. Herr Egner fragte nach den langfristigen Entwicklungen und nach ihren Ursachen. Das sind sehr bedeutsame Fragen; aber, meine Damen und Herren, ein einzelner Mensch kann nicht alles leisten. In unserem Reich ist Platz für viele Fragestellungen und viele Begabungen. Ich glaube, daß auch die Kritiker heute — Herr Egner hat es sehr deutlich zum Ausdruck gebracht — sich vor der Leistung von Herrn Leontief verneigen. Diese Leistung hat ihren großen Wert. Keynes hat einmal gesagt: In the long run we are all dead. Aber, meine Damen und Herren, der Weg zum long run geht durch das short run und für diese short-run-Betrachtungen ist das Instrumentarium von Herrn Leontief ein ganz wesentlicher Fortschritt, für dessen Kreation wir ihm Dank schulden.

Vorsitzender Professor Dr. Erwin *von Beckerath* (Bonn):

Meine Damen und Herren, die Zeit drängt, und ich muß infolgedessen die Rednerliste schließen. Ich darf zunächst noch diejenigen Herren nennen, die sich schon zu Wort gemeldet haben und die natürlich das Wort erhalten werden. Ich möchte diese Herren gleichzeitig bitten, sich kurz zu fassen, denn im Anschluß daran werde ich mir erlauben, Herrn Kollegen Leontief das Schlußwort zu geben, und das soll natürlich reichlich ausfallen. Es haben sich noch gemeldet die Herren Engelhardt, von Böventer und Jürgensen. In dieser Reihenfolge darf ich zunächst Herrn Engelhardt bitten.

Dr. Werner *Engelhardt* (Köln):

Herr Professor *Leontief* hat klargestellt, welche Rolle Definitionen in seinen Untersuchungen haben. Er zeigte, daß je nach der größeren oder geringeren Detaillierung des Güter- und Leistungsklassifikationsschemas, auf Grund dessen Wirtschaftsaktivitäten beschrieben werden, regionale Strukturen des input-output und interregionale Beziehungen zu erfassen sind oder aber nicht zu erfassen sind. Es hängt also letztlich von der Festlegung der Begriffe ab, ob etwas in den Maschen des gespannten begrifflichen Netzes zurückbleibt, oder aber durch sie hindurchfällt. Festlegungen dieser Art beruhen auf Konventionen, die nach Zweckmäßigkeitsgesichtspunkten — vor allem nach der interessierenden Forschungsaufgabe — getroffen werden.

Natürlich treten dabei jeweils auch Benennungsprobleme auf, wie sich beispielsweise an der Bezeichnung der quantitativ beschriebenen regionalen Wirtschaftsaktivitäten mit dem Terminus „Struktur" zeigt. Ähnlich wie die Bildung der Begriffe, so ist selbstverständlich auch die Benennung derselben in das Belieben der Forscher gestellt. Sie sollte wiederum zweckmäßig sein, was man m. E. bezüglich der erwähnten Bezeichnung durchaus sagen kann. Natürlich gibt es gerade in Deutschland auch andere Begriffe, die mit dem Ausdruck „Struktur" bezeichnet werden. Erinnert sei hier nur an einen Begriff der Gestaltpsychologie, der auch in der sozialwissenschaftlichen Literatur nachwirkt. Aber so wie dieser Begriff mit dieser Benennung möglich ist, so auch der von *Leontief* gewählte.

Was nun die erfahrungswissenschaftliche Bedeutung der beschriebenen Aktivitäten anlangt, so ist der große Fortschritt hervorzuheben, der in der Erlangung systematischer Beschreibungen innerhalb der input-output-Analyse und der Analyse interregionaler Beziehungen wirtschaftlicher Aktivitäten liegt. Es handelt sich hier ganz offensichtlich um großartige Systeme mit Angaben über Merkmale sehr vieler Güter, Leistungen und Regionen, die mit Hilfe der Mathematik kombiniert werden. Es ist aber zweifelhaft, ob derartige Beschreibungen ausreichend sind, wenn mit ihrer Hilfe künftige Sachverhalte prognostiziert werden sollen. Für den Fall, daß man sich bewußt nicht auf begrenzt gültige Extrapolationen von den bekannten Größen her beschränkt, sondern Prognosen erstrebt, scheinen mir neben beschreibenden Daten auch empirische Gesetze im Sinne der modernen Wissenschaftslehre erforderlich zu sein. Es ist aber die Frage, ob hier Gesetze bereits erarbeitet wurden.

Vorsitzender Professor Dr. Erwin *von Beckerath* (Bonn):

Dann darf ich Herrn Jürgensen bitten.

Dozent Dr. Harald *Jürgensen* (Münster):

Herr Professor Leontief hat in seinem Referat auf eine Reihe von Anwendungsschwierigkeiten der räumlich angesetzten input-output-Analyse hingewiesen und in seinen Thesen auf ihre erheblichen Voraussetzungen aufmerksam gemacht. Obgleich einige dieser Probleme bereits eingehend in der Literatur behandelt wurden, hätte ich gern zu drei speziellen Fragen die persönliche Ansicht von Herrn Professor Leontief gehört. Der Einfachheit halber darf ich mich auf die Numerierung der entsprechenden Thesen beziehen.

Unter Punkt 6 wird festgestellt, daß die Kenntnis der Struktur der möglichen Aktivitäten und der vorhandenen Mengen der primären Produktionsfaktoren ausreiche, um eine Region eindeutig zu kennzeichnen. Hierzu möchte ich fragen, ob die dabei vernachlässigte Verteilung der Aktivitäten innerhalb der so definierten Regionen ohne Bedeutung ist. Immerhin können die in der Region auftretenden Transportkosten größer sein als die — erfaßten — zwischenregionalen und damit die Input-Struktur entsprechend beeinflussen. Einer Ausschaltung eventueller Fehler durch zusätzliche Aufspaltung der Region — Ohlin wendete bekanntlich dieses Prinzip bei seinen raumwirtschaftlichen Überlegungen an — steht ja die steigende Schwierigkeit der statistischen Erfassung und zunehmende Unhandlichkeit des Gleichungssystems gegenüber.

Der Punkt 15 stellt fest, daß die Berücksichtigung der Transportkosten am output anderer Aktivitäten analytisch besonders kompliziert sei und deshalb diese Art von Interdependenz zumeist vernachlässigt werde. Nun, ich arbeite an einem Verkehrsinstitut, und es betrübt natürlich, den Hauptgegenstand unserer Forschung über entsprechende Voraussetzungen in den Datenkranz verwiesen zu sehen. Vielleicht ist deshalb die Frage nach dem Grad der Verzerrung erlaubt, die mit dieser Vereinfachung in Kauf genommen werden muß. Der Anteil der Transportkosten am output differiert nicht nur nach der Art der Produktion, sondern auch nach deren räumlicher Verteilung, die sich ihrerseits zum großen Teil aus den unterschiedlichen Transportkostenbelastungen ableitet.

Aus dieser Sicht heraus möchte ich abschließend fragen, ob es wirklich zweckmäßig ist, dem interregionalen Handel eine eigene Struktur abzusprechen (Punkt 10). Gewiß kann er analytisch als durch die jeweiligen Strukturen der daran beteiligten Regionen vorgegeben werden, aber in diesem Sinne verliert er seine Struktur nur dadurch, daß er, dem Ansatz der Analyse entsprechend, kurzfristig definiert ist.

Dozent Dr. Horst Claus *Recktenwald* (Mainz):

Ich möchte dem allzu negativen Urteil von Herrn *Egner* und anderen Diskussionsrednern über das *Leontief*-Verfahren nicht zustimmen, und zwar auch auf Grund meiner jüngsten Erfahrungen, die ich in theoretischen Untersuchungen auf dem Gebiete der Abgabeninzidenz sammeln konnte. Wenn ich auch mit noch relativ vereinfachten Modellen einer Kreislaufmatrix — gleichsam in erster Annäherung an die Wirklichkeit, um mit *Leontief* zu sprechen — versucht habe, mehr Licht in das zwielichtige Dunkel der steuerlichen Überwälzungs- und Inzidenzzusammenhänge und letztlich der *Einkommensumverteilung* zu tragen, so zeigen die Ergebnisse in methodologischer Hinsicht doch eindeutig, welche wertvollen Dienste die input-output-Analyse einerseits leistet und noch zu leisten vermag, und wo andererseits offensichtlich ihre Grenzen liegen:

1. Ihre Überlegenheit bei bestimmten — wohlgemerkt nicht allen — Fragestellungen gegenüber der auf diesem wie auf raumwirtschaftlichem Felde dominierenden orthodoxen Partialanalyse ist evident.

2. Selbst anderen makroökonomischen Methoden, wie sie etwa *Robertson*, *Kalecki*, *Welinder* oder *Föhl* entwickelt oder angewandt haben, erscheint sie mir hier überlegen zu sein. So läßt sich mit ihrer Hilfe die Einseitigkeit der *Föhl*schen extremen und meines Erachtens unhaltbaren Theorie der (Gewinn-)Steuerüberwälzung relativ leicht nachweisen.

3. *Leontiefs* Verfahren halte ich didaktisch für außerordentlich fruchtbar und wertvoll, zeigt es doch dem Einzuführenden in einer geschlossenen Übersicht die wesentlichen Verknüpfungen der jeweils entscheidenden Faktoren und öffnet es doch den Blick für den gesamtwirtschaftlichen Kreislauf, für das Zirkuläre, wie *Tinbergen* in seinem Korreferat es ausdrückt.

Wir sollten aber — und nun leite ich zu den Einschränkungen und Grenzen über — bei aller Zufriedenheit über die Möglichkeit, nunmehr die vielen Faktoren und, soweit empirische Zahlen verfügbar sind, auch Fakten kreislaufmäßig mehr oder weniger im Griff zu haben, nicht übersehen, daß wir „nur" eine raum- und zeitbezogene *Situationsanalyse* zu geben in der Lage sind, mithin weder die Ursachen der jeweiligen Struktur eruieren, noch die Wirkungen bestimmter Änderungen, also Maßnahmen, quantitativ vorausbestimmen können, wenn wir nicht andere Werkzeuge sowie die Ergebnisse andersartiger Untersuchungen heranziehen und sinnvoll verwerten. Und hier treffe ich mich mit Herrn *Egners* Ansicht, ohne allerdings dessen Ablehnung der Kreislaufanalyse *Leontiefscher* Prägung zu teilen. Denn diese verliert — das scheint mir die Diskussion nicht genügend unterstrichen zu haben — trotz aller Einwendungen meines Erachtens keineswegs ihre Bedeutung, im Gegenteil, sie bleibt für viele ökonomische Fragestellungen Grundlage, Ausgangsbasis.

Und damit komme ich zu Herrn *Leontiefs* methodologischen Bemerkungen. Ich stimme ihm grundsätzlich zu, wenn er auf das Mißliche, ja großenteils Nutzlose allzu spitzfindiger Begriffs- und Methodenstreitereien hinweist — ich meine etwa im scholastischen Stile oder in dem des 19. Jahrhunderts in unserem Fache. Er scheint mir als schöpferischer „toolmaker" in erster Linie berufen und legitimiert zu sein, dem Verfahren einen mehr sekundären Platz zuzuweisen und das Ökonomisch-Materielle, die eigentliche theoretische und empirische Analyse, in den Mittelpunkt zu rücken. Aber dennoch, so meine ich im Gegensatz zu ihm, sollten wir bei aller Würdigung der Priorität der Untersuchung selbst nicht übersehen, wie wichtig jeder kritische Blick auf die eigene und, vergleichend, auf andere Methoden ist, wenn wir die Bedingtheit und die Grenzen unserer jeweiligen Aussagen und damit ihrer Anwendbarkeit klar erkennen wollen. Denn es gibt kein geeigneteres Mittel — vorausgesetzt, die Deduktion ist logisch, also schlüssig —, die Aussagekraft einer Theorie zu überprüfen, als festzustellen, ob und inwieweit Annahmen und Methode dem Zweck der Untersuchung gerecht werden. Nur so verhindern wir, daß wir methodologisch mit Kanonen auf Spatzen schießen und unsere Schlüsse weder überbewerten noch zu unhaltbaren praktischen Folgerungen kommen. Den besten Beweis und das Schulbeispiel liefert uns die *Föhl*-Kontroverse im Finanzarchiv.

Wenn wir das Positive aus unserer heutigen und aus anderen Verfahrensdiskussionen ziehen wollen, so sollte es meines Erachtens die Einsicht sein, daß uns nur eine Vielzahl *zweckgerechter* Methoden — bei der Vielzahl der wirtschaftstheoretischen und -politischen Ziele — weiterbringen kann, und daß jede Vereinseitigung in der methodologischen Grundhaltung, etwa jede Überbewertung der input-output-

Analyse, gerade auch auf dem noch zu wenig beackerten Feld der wirtschaftlichen Raumtheorie und Raumpolitik, genau wie jeder methodologische Konformismus, nur zu Einseitigkeiten, Stillstand, ja Rückschritt in Forschung und Lehre führen.

Vorsitzender Professor Dr. Erwin *von Beckerath* (Bonn):

Damit ist die Rednerliste erschöpft, und ich bitte nun Herrn Kollegen Leontief, das Schlußwort zu sprechen.

Schlußwort des Referenten Prof. Dr. Wassily Leontief
(Cambridge/Mass.)

Meine Statistik zeigt, daß jeder von den 16 Diskussionsrednern im Durchschnitt drei bis fünf Fragen an mich gerichtet hat. In diesem Schlußwort werde ich deshalb nur einige Fragen herausgreifen und außerdem anzudeuten versuchen, in welcher Richtung ich die anderen Fragen beantworten würde.

1. Die Transportkosten

Man kann keine Theorie der regionalen Beziehungen oder Standortstheorie betreiben, ohne die Transportkosten zu berücksichtigen. Ich habe in meinem Referat nicht viel darüber gesagt, zumal dieses Problem schon öfter sehr eingehend behandelt worden ist.

Wir haben in den Vereinigten Staaten etwa elf kohleproduzierende Regionen. Diese sind meist geographisch dadurch definiert, daß jede Region eine Gruppe von Kohlegruben und daher eine konzentrierte Kohleproduktion aufweist. Gleichzeitig liegen diese kohleproduzierenden Regionen ziemlich weit voneinander entfernt. Daneben gibt es 15 kohlekonsumierende Regionen. Die Fragen, die meine Mitarbeiter zu beantworten versuchen, sind folgende:

(a) Warum produzieren gewisse Regionen in verschiedenen Jahren verschiedene Mengen von Kohle und

(b) warum liegt von Jahr zu Jahr eine unterschiedliche Verteilung der Produktion einer bestimmten Region auf die verschiedenen konsumierenden Regionen vor?

Es handelt sich hierbei um ein klassisches Transportkostenproblem. Für jede Region haben wir die Produktionskosten von Kohle ermittelt und als gegeben betrachtet. Sie sind aber nicht konstant. In den Vereinigten Staaten gibt es zwei Methoden des Kohleabbaus, den Untertagebau und den Tagebau, wobei der letztere billiger ist als der erstere. Es existiert also sozusagen in jeder Region eine stufenweise

Produktionsfunktion. Die Produktionsmöglichkeit, d. h. die Kapazität, ist für jede Region und jede Methode begrenzt. Außerdem kennt man die Transportkosten von jeder Region zu jeder anderen Region. Endlich wurde, das war eine Spezialuntersuchung, der Gesamtbedarf an Kohle in jeder der konsumierenden Regionen als gegeben angenommen. Mit diesen Angaben konnte man berechnen, wieviel Kohle in jeder Region am vorteilhaftesten produziert werden muß und wieviel davon an jedes der konsumierenden Gebiete verschickt werden soll. Das einfachste wäre natürlich, alle möglichen Kombinationen zu versuchen, um so herauszufinden, bei welcher Verteilung die Gesamtkosten minimiert werden. Wenn zwei Verteilungen dieselben Mindestkosten ergeben, dann ist es nicht wichtig, welche von ihnen man wählt. Es handelt sich eigentlich um ein Substitutionsproblem. Man substituiert eine Belieferungsrichtung durch eine andere Belieferungsrichtung und man kombiniert die Substitutionsmöglichkeit so, daß man endlich das beste erhält. Nachdem wir eine erste Berechnung gemacht und diese mit den Tatsachen verglichen hatten, sahen wir, daß für manche Jahre große Unterschiede zwischen der Kalkulation und der tatsächlichen Transportbewegung sich ergeben haben. Eine weitere Untersuchung hat dann den Einfluß aufgezeigt, der hervorgerufen wird durch die Festsetzung der jährlichen maximalen Arbeitszeit in den einzelnen Produktionsregionen seitens der Gewerkschaften. Derartige Beschränkungen der Arbeitszeit müssen natürlich denselben Einfluß auf die Kapazitätsausnutzung der einzelnen Regionen haben wie die rein physischen Produktionsverhältnisse. Nachdem nun diese durch die Gewerkschaften gesetzten Bedingungen in die Berechnung einbezogen wurden, sind Ergebnisse erzielt worden, die wesentlich besser mit den tatsächlich beobachteten Entwicklungstendenzen der Kohlenproduktion und -belieferung übereinstimmten.

2. Die Wechselkurse

Die Wechselkurse können bei der Analyse internationaler Wirtschaftsbeziehungen genau wie Aus- und Einfuhrgebühren behandelt werden. Die Theoretiker haben weiterhin bereits die Analogie zwischen den Einfuhrgebühren und den Transportkosten ausgearbeitet, und so wird man auch die Ein- und Ausfuhrgebühren in der gleichen Weise rechnerisch berücksichtigen können wie die Transportkosten in dem Kohlebeispiel, das ich eben erörtert habe. Man muß nur die Informationen haben, denn — wie ich immer wieder betonen muß — mit der theoretischen Formulierung allein kann man wenig anfangen. Hier liegt auch mein Einwand gegen die mathematische Schule innerhalb der Nationalökonomie, daß sie sich allzuoft mit eleganten Formulierungen begnügt. Wissenschaft ist zu ernst für Eleganz. Die Eleganz wollen wir lieber den Herren-Schneidern überlassen.

3. Die Struktur

Was ist die Struktur? Ich bin durchaus mit dem Diskussionsredner einverstanden, der von der Relativität der Begriffsbildung sprach. Als Struktur würde ich jeweils denjenigen Teil des empirischen Tatbestandes bezeichnen, der in einem Teilbereich einer wissenschaftlichen Analyse zur Erklärung anderer Tatsachen dient, ohne selbst innerhalb desselben Teilbereiches von der Analyse erklärt zu werden. So werden Tatsachen, die auf einem gewissen Niveau des analytischen Verfahrens als Struktur, d. h. als etwas „Gegebenes" betrachtet werden, auf einem tieferen Niveau der Untersuchung selbst zu erklären sein. Dann wird man sie allerdings nicht als Struktur ansehen können, denn die Struktur auf einem noch tieferen Tatsachenniveau ist dann nur durch gründliche Beobachtung zu finden.

Zweiter Tag

Zweiter Tag, Vormittag
Samstag, 10. Mai 1958

Vorsitz: Professor Dr. Jürg *Niehans* (Zürich):

Vorsitzender Professor Dr. Jürg *Niehans* (Zürich):

Das Thema der heutigen Verhandlungen, nämlich die regionale Einkommensverteilung, wurde von Thünen, soweit ich sehen kann, selber nicht bearbeitet. Daß es trotzdem in diesem Zusammenhang zur Sprache kommt, läßt sich damit begründen, daß es im genauen Schnittpunkt der beiden hauptsächlichen Arbeitslinien von Thünen liegt, nämlich einerseits der Linie der regionalen Struktur der Wirtschaft, andererseits der Linie der Einkommensverteilung. Es ist daher wohl konsequent, wenn diese Gesellschaft diese Linien bis zu ihrem Schnittpunkt — nämlich eben der regionalen Einkommensverteilung — verfolgt. Das einleitende Referat heute morgen wird von Herrn Giersch gehalten werden. Herr Giersch glaubt voraussetzen zu dürfen, daß Sie alle — gestärkt durch den gestrigen schönen Abend — die Nacht und den heutigen Morgen dazu verwendet haben, sein Referat, das in Ihrer Hand ist, zu studieren, so daß er sich heute etwas knapper fassen kann in der Hoffnung, daß dafür die Diskussion um so lebhafter werden möge. Ich habe das Vergnügen, Herrn Giersch das Wort zu erteilen.

Probleme der regionalen Einkommensverteilung
Von Professor Dr. Herbert *Giersch* (Saarbrücken):

I. Vorbemerkungen und Fakten

1. Johann Heinrich von Thünens Hauptleistungen für die Nationalökonomie liegen im Bereich der räumlichen Wirtschaftstheorie und in der Lehre von der Distribution. Es ist daher sinnvoll, anläßlich dieser Thünen-Gedenkfeier eine Frage aufzuwerfen, die beide Bereiche betrifft: die Frage nach den Grundsätzen der räumlichen Einkommensverteilung.

2. *Diesem Problemkreis ist in der theoretischen und empirischen Forschung trotz der fruchtbaren Ansätze, die Johann Heinrich von Thünen mit seiner Theorie der Lagerente geliefert hat, bisher recht wenig Aufmerksamkeit gewidmet worden.*

a) In der Lehre von der Distribution kommt der räumliche Aspekt meist deshalb zu kurz[1], weil die formale Verteilungstheorie noch immer auf der stillschweigenden Annahme einer punktförmigen Volkswirtschaft beruht.

b) Der Vorwurf, die Probleme der räumlichen Einkommensverteilung zu vernachlässigen, kann auch der Theorie der internationalen Wirtschaftsbeziehungen nicht erspart bleiben. Trotz Ohlins berühmtem Satz, sie sei nur ein Spezialfall einer allgemeinen Standortlehre, werden nach wie vor meist nur die Beziehungen zwischen punktförmigen Gebilden analysiert. Das internationale Verteilungsproblem wird zudem höchstens am Rande — im Zusammenhang mit den Bestimmungsfaktoren der verschiedenen Varianten der terms of trade — behandelt.

Wie das Lerner-Samuelson-Theorem vom internationalen Faktorpreisausgleich durch Handel[2] zeigt, waren die Bemühungen zeitweilig darauf gerichtet, nachzuweisen, daß der Güteraustausch zwischen punktförmigen Gebilden selbst dann zu einer Nivellierung der Unterschiede in den Faktorpreisen führen könne, wenn es überhaupt keine internationalen Faktorbewegungen gibt. Die Kritik an diesem Theorem hat die Aufmerksamkeit dann allerdings auf Umstände gelenkt, die den Ausgleichsmechanismus hemmen und für die Erklärung internationaler und interregionaler Unterschiede im Durchschnittseinkommen von Bedeutung sind.

c) Mit der Lehre vom wirtschaftlichen Wachstum werden zwar internationale Einkommensunterschiede, soweit sie auf einem unterschiedlichen Entwicklungsstand der Länder beruhen, in das Blickfeld der wirtschaftswissenschaftlichen Forschung gerückt, aber die Analyse des internationalen Zusammenhangs der nationalwirtschaftlichen Wachstumsprozesse befindet sich noch in den Anfängen. Zur Beleuchtung des räumlichen Aspekts der Einkommensverteilung hat die Wachstumsforschung jedenfalls bisher kaum unmittelbar etwas beigetragen.

---

[1] Eine bemerkenswerte Ausnahme ist das soeben erschienene Buch von Jean Marchal und Jacques Lecaillon, La Répartition du Revenue National, Première Partie. Les Participants, Tome I. Les Salariés. Paris 1958.

[2] A. P. *Lerner*, Essays in Economic Analysis. London 1953, S. 67—84. P. A. *Samuelson*, International Trade and the Equalization of Factor Prices, Economic Journal, June 1948 sowie June 1949.

d) Die räumliche Wirtschaftstheorie ist bisher fast ausschließlich Standorttheorie geblieben. Sie vermag als solche zwar interlokale und interregionale Unterschiede im Sozialprodukt pro Flächeneinheit zu erklären, aber die geographischen Unterschiede im Durchschnittseinkommen der Bevölkerung sind weder von Alfred Weber noch von Predöhl, Christaller, Palander, Lösch, Hoover oder Isard systematisch untersucht und erklärt worden.

e) Der unbefriedigende Stand der Lehre von der interregionalen Einkommensverteilung hängt zum Teil wohl auch damit zusammen, daß die Distributionstheorie bisher dem Problem der sektoralen Einkommensunterschiede verhältnismäßig wenig Beachtung geschenkt hat. Es leuchtet unmittelbar ein, daß Unterschiede im Durchschnittseinkommen verschiedener Produktionszweige, die hauptsächlich auf der mangelnden intersektoralen Mobilität der Faktoren beruhen, zu regionalen Unterschieden im Durchschnittseinkommen führen müssen, wenn die Produktionsstrukturen der Gebiete voneinander abweichen. Eine umfassende Theorie der intersektoralen Einkommensverteilung könnte ein wesentliches Verbindungsglied zwischen einer allgemeinen Standorttheorie und einer Lehre von der interregionalen Einkommensverteilung darstellen. Hierauf wird später noch eingegangen werden.

3. *Ein Blick in die Wirklichkeit zeigt, daß erhebliche Einkommensunterschiede nicht nur zwischen verschiedenen Volkswirtschaften, sondern auch zwischen verschiedenen Gebieten innerhalb einer Volkswirtschaft bestehen.*

a) Die großen Einkommensunterschiede zwischen den hochentwickelten Industrieländern in Nordamerika und Europa einerseits und den unentwickelten Ländern Asiens, Afrikas und Südamerikas andererseits sind zu bekannt, als daß es in diesem Kreise erforderlich wäre, sie durch detaillierte statistische Angaben zu belegen.

b) Die stärksten Einkommensunterschiede innerhalb einer Volkswirtschaft gibt es heute in Europa wahrscheinlich zwischen dem Norden und dem Süden Italiens. Sie seien, so wird gelegentlich behauptet, durch die Einigung des Landes nicht verringert, sondern sogar noch verstärkt worden. Sollte nachgewiesen werden können, daß dies richtig ist und die Hauptursache nicht in der Politik der römischen Zentralregierung liegt, so ließen sich hieraus wichtige Erkenntnisse für die Wirkung einer Integration auf die regionale[3] Einkommensverteilung gewinnen.

---

[3] Obwohl es eigentlich hier, wie in der Formulierung des Themas, „interregionale Einkommensverteilung" heißen müßte, lasse ich die Vor-

c) Auch in Deutschland waren und sind die regionalen Einkommensunterschiede beträchtlich.

(1) Nach einer Berechnung des Statistischen Reichsamts[4] betrug das nominelle Einkommen je Kopf der Bevölkerung im Jahre 1936 in den städtischen Gebieten Bremen (1593 RM), Berlin (1557 RM) und Hamburg (1436 RM) das Zwei- bis Zweieinhalbfache des Durchschnittseinkommens, das in den Provinzen Oberschlesien (623 RM), Grenzmark Posen-Westpreußen (658 RM) und Ostpreußen (699 RM) erzielt wurde. Die Länder Württemberg (1106 RM), Anhalt (1069 RM), Sachsen (1042 RM) und Braunschweig (1013 RM) lagen merklich über dem Reichsdurchschnitt (964 RM), der in Schleswig-Holstein (976 RM) und der Rheinprovinz (961 RM) ungefähr erreicht wurde.

Es folgen mit einem Einkommen von mehr als 90 % des Reichsdurchschnitts die Provinzen Sachsen (953 RM), Brandenburg (950 RM) und Hannover (949 RM) und die Länder Mecklenburg (944 RM), Hessen-Nassau (937 RM), Baden (919 RM), Thüringen (894 RM) und Oldenburg (893 RM). Weniger als 90 % des Reichsdurchschnitts, aber doch erheblich mehr als in den drei bereits genannten Ostprovinzen, wurde in Westfalen (858 RM), Hessen (852 RM), Lippe (819 RM), Pommern (794 RM) und Niederschlesien (784 RM) pro Kopf der Bevölkerung verdient.

(2) In der Bundesrepublik sind die Unterschiede fast genau so groß. — Das Nettoinlandsprodukt zu Faktorkosten, das für das Jahr 1955 länderweise berechnet wurde[5], war, auf den Kopf der Bevölkerung bezogen, in Hamburg (4382 DM) mehr als doppelt und in Bremen (3915 DM) fast doppelt so hoch wie in Schleswig-Holstein (1971 DM), dem ärmsten Land der Bundesrepublik. Nordrhein-Westfalen (3223 DM) lag mit 17 vH und Baden-Württemberg (2862 DM) mit 4 vH über dem Bundesdurchschnitt. In Hessen (2659 DM), Bayern (2338 DM), Niedersachsen (2288 DM) und Rheinland-Pfalz (2172 DM) dagegen wurde der Bundesdurchschnitt um 4 vH, 16 vH, 17 vH und 21 vH unterschritten.

d) Eine einzige Angabe mag genügen, um das Ausmaß der regionalen Einkommensunterschiede in Frankreich[6] zu beleuchten: das

---

silbe „inter" aus Gründen der sprachlichen Einfachheit fortan weg. Da Fragen der *intra*regionalen Einkommensverteilung hier nicht zur Erörterung stehen, ist eine Verwechslung ausgeschlossen

[4] Wirtschaft und Statistik 1939, S. 565.
[5] Wirtschaft und Statistik 1957, S. 595 ff.
[6] Institut National de la Statistique et des Etudes Economiques, L'Espace Economique Français, Presses Universitaires, Paris, S. 87.

Sozialprodukt pro Kopf der Bevölkerung war 1951 im Departement Seine (Paris) genau dreimal so hoch wie im ärmsten Departement des Mutterlandes (Morbihan in der Bretagne); beim Einkommen betrug das Verhältnis 2,6 : 1.

e) In den USA[7] war das Pro-Kopf-Einkommen im Durchschnitt der Jahre 1929 bis 1950 im reichsten Staate, New York (1156 $), rund dreimal so hoch wie im ärmsten Staate, Mississippi (358 $).

4. *Aus mehreren Gründen sind diese Zahlenangaben kein getreues Spiegelbild der tatsächlichen Wohlstandsunterschiede:*

a) Bei der Berechnung der landwirtschaftlichen Einkommen wird der Selbstverbrauch in der Regel zu Erzeugerpreisen bewertet. Eine Bewertung zu Einzelhandelspreisen würde die Vergleichbarkeit erhöhen[8].

b) Die Unterschiede im Realeinkommensniveau zwischen Stadt- und Industrieregionen einerseits und agrarischen Überschußgebieten andererseits sind wegen des Preisgefälles für zahlreiche ins Gewicht fallende Nahrungsmittel vermutlich geringer als die Unterschiede im durchschnittlichen Nominaleinkommen. So lagen die Preise vieler Nahrungsmittel in den preußischen Ostprovinzen um mehrere Prozent unter dem Reichsdurchschnitt. Ähnliches gilt für die Wohnungsmieten (Lagerenten). Auch die Preise für Dienstleistungen pflegen in den einkommensschwachen Gebieten niedriger zu sein. Die gegenläufige Preistendenz bei industriellen Fertigerzeugnissen wird bisweilen durch die Preisbindung der zweiten Hand und durch gewisse andere Formen der regionalen Preisdifferenzierung gemildert.

c) Die für das Bundesgebiet zitierten Zahlen messen das Nettoinlandsprodukt der Länder und damit die in ihnen erstellte Wertschöpfung, nicht aber das Einkommen der Wohnbevölkerung. So sind die Lohneinkommen der Bewohner Schleswig-Holsteins und Niedersachsens, die in Hamburg und Bremen arbeiten, im Inlandsprodukt der beiden Stadtstaaten enthalten, während sie bei einer Volkseinkommensberechnung dem Einkommen von Schleswig-Holstein und Niedersachsen zugeschlagen werden müßten. Daher vermuten Hüfner und Raabe bei der Interpretation der Ergebnisse[9], daß die Unterschiede zwischen den Ländern

---

[7] Regional Income. Studies in Income and Wealth. Volume Twenty-one. National Bureau of Economic Research. S. 134/135. (Table 4 im Beitrag von Frank A. Hanna, Analysis of Interstate Income Differentials: Theory and Practice).

[8] Hierauf hat Richard *Easterlin* in: Regional Income, S. 30, hingewiesen. Nach einer Notiz der Frankfurter Allgemeinen Zeitung vom 21. April 1958 kostete derselbe Kohlkopf, der dem Süderdithmarscher Erzeuger 9 Pfennig eingebracht hatte, in München in einem Warenhaus 98 Pfennig.

[9] Wirtschaft und Statistik 1957, S. 599.

etwas geringer sein würden, wenn man nicht das Inlandsprodukt, sondern das Volkseinkommen je Einwohner gegenüberstellen würde. Zu den Einkommensströmen zwischen den Ländern, die bei der Berechnung der Inlandsprodukte unberücksichtigt bleiben, gehören aber auch die Kapitalerträgnisse. Sollten Hamburg und Bremen Gläubigergebiete sein und eine aktive Kapitalertragsbilanz aufweisen, so würde der Abstand zwischen ihnen und den anderen Bundesländern bei einem Einkommensvergleich entsprechend größer sein.

Die gleiche Wirkung hätte eine aktive Bilanz der Transferzahlungen[10].

d) Die progressive Besteuerung der Einkommen zu einem einheitlichen Tarif (und die Verwendung eines einheitlichen Prozentsatzes des regionalen Steueraufkommens für supraregionale Aufgaben, deren Erfüllung allen Staatsbürgern in gleichem Maße zugute kommt) hat in der Regel zur Folge, daß die regionalen Unterschiede im verfügbaren Einkommen absolut und relativ geringer sind als die Einkommensunterschiede vor Abzug der direkten Steuern. Eine ähnliche Konsequenz ergibt sich aus der Tatsache, daß der Steuerbetrag von der Höhe des Nominaleinkommens abhängt und regionale Unterschiede in den Lebenshaltungskosten nicht berücksichtigt werden. So zahlt der Großstadtbewohner, der zum Ausgleich für die höheren Wohnungsmieten ein etwas höheres Nominaleinkommen bezieht, mehr Einkommensteuer als ein Dorfbewohner, dessen Einkommen nominell niedriger aber realiter gleich hoch ist. Auch dieser Umstand ist zu berücksichtigen, wenn von Unterschieden im Durchschnittseinkommen zwischen Stadt- und Landregionen oder überhaupt zwischen Gebieten mit verschieden hohen Lebenshaltungskosten auf regionale Wohlstandsunterschiede geschlossen werden soll.

II. Analyse und Hypothesen

5. *Aus der Feststellung, daß es nicht nur im internationalen Bereich, sondern auch innerhalb der einzelnen Volkswirtschaften regionale Einkommensunterschiede gibt, erwächst der Wissenschaft die Aufgabe, die allgemeinen Gesetzmäßigkeiten zu finden, auf denen sie beruhen.*

---

[10] Der Unterschied zwischen dem Nettoinlandsprodukt und dem Volkseinkommen pflegt ceteris paribus um so größer zu sein, je kleiner das Gebiet ist. Nach Angaben von Easterlin (a.a.O., S. 28/29) lag das regionale Einkommen für Delaware, New York und Rhode Island im Jahre 1920 um 11 %, 9 %, bzw. 8 % über dem regionalen Inlandsprodukt, für Dakota und Nevada um 15 % unter dem Inlandsprodukt. Bei den Census-Regionen, die mehrere Staaten umfassen, betrug der Unterschied dagegen maximal nur 7 %.

Hierzu ist es erforderlich,
a) im Wege der Deduktion diejenigen Faktoren zu isolieren, die solche Unterschiede verursachen können, das heißt, die möglichen Hypothesen zu formulieren;
b) die einzelnen Hypothesen mit den entsprechend geordneten Fakten zu konfrontieren, diejenigen zu eliminieren, die den Fakten widersprechen, und festzustellen, in welchem Umfang die bestätigten Hypothesen das Phänomen erklären.

Dieses Vorgehen entspricht im Prinzip der wissenschaftlichen Methode schlechthin, die heute in zunehmendem Maße das Element darstellt, das die sozialwissenschaftlichen und naturwissenschaftlichen Disziplinen trotz aller Unterschiede im Erfahrungsobjekt miteinander verbindet. Diese Methode mit Erfolg auf die Nationalökonomie angewandt zu haben, ist eine der wissenschaftsgeschichtlichen Hauptleistungen Johann Heinrich von Thünens.

Der erste Teil der Aufgabe, die möglichen Hypothesen zu formulieren, die mit entsprechend geordneten Fakten konfrontiert werden müssen, zwingt dazu, von der allgemeinen Theorie auszugehen, aber auf dem Weg der abnehmenden Abstraktion so weit vorzudringen, wie es nötig ist, um statistisch widerlegbare Aussagen (meaningful hypotheses) zu gewinnen.

6. Eine Ursache räumlicher Unterschiede im durchschnittlichen Nominaleinkommen der Bevölkerung sind die Kosten des Gütertransportes.

Sie beeinträchtigen die Arbeitsteilung über größere Entfernungen stärker als die Arbeitsteilung auf engem Raum und zwingen so zur Bildung von Zentren der wirtschaftlichen Aktivität. Thünen hätte die Existenz der zentralen Stadt nicht als Annahme einzuführen brauchen; er hätte sie auch aus den transportkostenbedingten Vorzügen der Arbeitsteilung auf engem Raum und aus dem Standortvorteil deduzieren können, den das Zentrum in einem abgegrenzten Gebiet besitzt.

a) Die Ersparnisse, die sich aus der räumlichen Konzentration der gewerblichen Arbeitsteilung in der Stadt ergeben, schlagen sich einkommensmäßig in den städtischen Grundrenten nieder. Die Bildung der Thünenschen Ringe um die Stadt führt zu einer räumlichen Arbeitsteilung, bei der die Transportkosten möglichst gering und die Bodenrenten möglichst hoch sind[11].

---

[11] Der Diskussionsbeitrag von J. *Niehans* veranlaßt mich, diese Aussage nachträglich zu präzisieren. Die Formulierung im Text will besagen, daß die möglichst weitgehende Verringerung der Transportkosten im Interesse der Maximierung der Grundrenten erfolgt. Dadurch wird eine Transportkostenminderung ausgeschlossen, die bei gegebenem Einsatz von Arbeit und Kapital nicht zu einer Erhöhung, sondern zu einer Minderung des Sozialprodukts führt oder, bezogen auf ein gegebenes Sozialprodukt, nicht mit einem geringeren, sondern mit einem vermehrten Einsatz von Arbeit und

Wenn unterstellt wird, daß die Transportkosten eine linearhomogene Funktion der Luftlinienentfernung sind, sinken die Grundrenten (und Bodenpreise) kontinuierlich vom Zentrum zur Peripherie. Hieraus lassen sich allerdings ohne zusätzliche Annahmen über die personelle Verteilung des Grundvermögens noch keine prinzipiellen Aussagen über regionale Unterschiede im Durchschnittseinkommen der Bevölkerung ableiten.

b) Anders verhält es sich jedoch mit dem Einfluß, den die Grundrenten auf die Mietpreise, die Transportkosten auf die Güterpreise und beide auf die Lebenshaltungskosten und damit auch auf die Nominallöhne ausüben. Bei Thünen heißt es: „Nicht der Geldlohn, sondern der reelle Lohn, d. i. die Summe der Lebensbedürfnisse und Genußmittel, die der Arbeiter sich für seinen Lohn verschaffen kann, muß durch den ganzen isolierten Staat gleich hoch sein; denn wäre an einer Stelle der reelle Arbeitslohn höher als an einer anderen, so würde durch das Zuströmen der Arbeiter aus den Gegenden mit geringerem Lohn das Gleichgewicht sich gar bald herstellen[12]."

Da die Mieten und die Preise der Agrarerzeugnisse von der Peripherie zum Zentrum und die Preise der gewerblichen Erzeugnisse in umgekehrter Richtung steigen, müssen die Nominallöhne im Zentrum höher sein als an der Peripherie, wenn die Ausgaben für Ernährung und Wohnung stark ins Gewicht fallen. Wir wissen, daß dies vornehmlich für die niedrigen Einkommen zutrifft. Die Nominallöhne der ungelernten Arbeiter müssen folglich zum Rand hin stärker sinken als die Facharbeiterlöhne oder die Beamtengehälter oder die Nominaleinkommen in den freien Berufen. Thünen hat diese Hypothese ebenfalls aufgestellt, aber etwas anders begründet: „Der Arzt, der Beamte u. a. m. können ihre Bildung nur in der Stadt erhalten; das Kapital, was sie auf ihre Ausbildung verwandt haben, richtet sich nach den Preisen in der Stadt, und um dieses Kapital wieder vergütet zu erhalten, dürfen ihre Arbeiten nicht im Verhältnis des Roggenpreises der Gegend, wo sie wohnen, bezahlt werden[13]."

c) Auf den Zinssatz haben die Kosten des Gütertransports im Thünenschen System keinen differenzierenden Einfluß.

Kapital (höheren Gesamtkosten) verbunden ist. Das von Niehans betonte Kriterium der Minimierung der Gesamtkosten ist damit impliziert, aber ich gebe gerne zu, daß es nötig gewesen wäre, diesen Zusammenhang im Text deutlicher zum Ausdruck zu bringen.

[12] Johann Heinrich *von Thünen*, Der isolierte Staat in Beziehung auf Landwirtschaft und Nationalökonomie. Neudruck nach der Ausgabe letzter Hand, eingeleitet von Prof. Dr. Heinrich Waentig. Dritte Auflage, Jena 1930, S. 534 f.

[13] *Thünen*, a.a.O., S. 46.

„Der an der Grenze des isolierten Staates sich bildende Zinsfuß muß für den ganzen Staat maßgebend werden", schreibt Thünen, „da das so leicht bewegliche Kapital sich stets dahin wendet, wo es die höchste Nutzung gewährt, und der Zinssatz sich dadurch überall gleichstellt"[14].

Auf die Gleichheit des *realen* Zinseinkommens einer Geldsumme kommt es hierbei offensichtlich nicht an, da der Kapitalgeber, anders als der Arbeiter, das Einkommen nicht am Ort oder in der Nähe des Faktoreinsatzes verwenden muß.

7. *In Verbindung mit den Transportkosten der Güter verursachen auch die Kosten der Raumüberwindung für die Produktionsfaktoren Arbeit und Kapital Lohn- bzw. Zinsdifferenzen zwischen Überschuß- und Mangelgebieten.*

a) Im Anschluß an seine Feststellung, daß es im isolierten Staat keine räumlichen Unterschiede im Reallohn geben könne, weist Thünen auf die Lohndifferenzen in der Wirklichkeit hin. Als Grund nennt er unter anderem „die Kostspieligkeit der Übersiedlung"[15].

b) In bezug auf räumliche Zinsdifferenzen bemerkt Thünen knapp 100 Jahre vor August Löschs[16] amerikanischen Beobachtungen: „Auffallend ... ist es dagegen, daß in den verschiedenen Provinzen einer und derselben Monarchie ... ein so verschiedener Zinssatz stattfinden kann, wie dies im preußischen Staat der Fall ist. Denn während in der Provinz Brandenburg und in Vorpommern der Zinsfuß auf $3^1/_2$ und 4 % herabgesunken ist, ist in der Provinz Ostpreußen der Zinssatz bei Anleihen auf 5 % stehen geblieben." Da sich bei der Realverzinsung der Pfandbriefe keine so große Abweichung zeigt, schließt Thünen, daß Unterschiede im Gläubigerrisiko die Ursache sein müssen. Verantwortlich hierfür macht er unter anderem „die größere Entfernung von Berlin — diesem Sitz der großen Kapitalisten"[17].

c) Wenn die Kosten der Raumüberwindung für die Produktionsfaktoren berücksichtigt werden, verlassen wir das Thünensche Standortmodell, in dem es nur Transportkostenorientierung und insbesondere nur Absatzorientierung gibt. Es erhebt sich dann die Frage, warum die regionalen Faktorpreisunterschiede nicht durch Standortverlagerungen ausgeglichen werden, also durch Arbeitsorientierung oder durch Kapitalmarktorientierung der Produktion.

---

[14] *Thünen*, a.a.O., S. 535.
[15] *Thünen*, a.a.O., S. 535.
[16] August *Lösch*, Die räumliche Ordnung der Wirtschaft. 2. Auflage, Jena 1944, S. 328 f.
[17] *Thünen*, a.a.O., S. 537.

Die Antwort lautet: weil eine solche Anpassung mit einer Erhöhung der Transportkosten verbunden ist. Der Ausgleichsprozeß geht nicht weiter als bis zu dem Punkt, an dem noch soviel Ersparnisse an Lohn- und Zinskosten verbleiben, daß die höheren Transportkosten aufgewogen werden. Gäbe es keine Kosten für den Transport der Güter, so könnten Änderungen der Standortstruktur unter einer Reihe zusätzlicher Annahmen[18] einen völligen Faktorpreisausgleich herbeiführen.

8. *Die gleiche Wirkung wie die Kosten der Raumüberwindung haben andere Hindernisse für die räumliche Mobilität der Faktoren, räumliche Präferenzen und Unterschiede in den Selbstversorgungsmöglichkeiten.*

a) Es ist theoretisch unerheblich, ob die mangelnde räumliche Mobilität der Arbeit eine Folge der Übersiedlungskosten ist, oder ob sie auf unvollkommener Markttransparenz, Trägheit, Wohnraummangel oder — insbesondere im internationalen Bereich — auf Sprachschwierigkeiten oder Ein- und Auswanderungsbeschränkungen beruht. Ähnliches gilt für die unvollkommene Mobilität des Kapitals. Für wirtschaftspolitische Erwägungen ist es allerdings wichtig, die Ursachen der mangelnden Mobilität zu kennen.

b) Von den Mobilitätshindernissen sind aber auch in der theoretischen Analyse die räumlichen Präferenzen zu unterscheiden, weil in ihnen die Bewertung derjenigen freien Konsumgüter zum Ausdruck kommt, die nicht überall gleichmäßig verfügbar sind. Unterschiede in den klimatischen Verhältnissen oder in den landschaftlichen Reizen können im Urteil der Haushaltungen Reallohndifferenzen aufwiegen und damit ausgleichende Wanderungen auch bei völliger Mobilität verhindern.

c) Von Unterschieden im Angebot freier Güter zu Unterschieden in den Möglichkeiten der Selbstversorgung mit knappen Gütern ist praktisch nur ein kleiner Schritt, wenn die aufgewandte Mühe für die Eigenproduktion gering bewertet oder gar als erwünschte Freizeitbeschäftigung angesehen wird.

---

[18] *Ohlin* nennt implizite eine der zusätzlichen Annahmen, wenn er schreibt: „The localisation of industry and thereby the demand for production factors cannot completely adapt themselves to the equipment with them in each region, chiefly because the industrial demand is always the „jount demand" for several factors. Their combination cannot be varied at will, . . ." (Bertil Ohlin, Interregional and International Trade, Cambridge/Mass. Harvard University Press 1933, Second Printing 1952, S. 38). Eine vollständige Aufzählung und Erläuterung der Voraussetzungen eines vollkommenen Ausgleichs der Faktorpreise durch Handel — und d. h. durch Anpassungen der Standortstruktur — bringt J. E. *Meade*, The Theory of International Economic Policy, Volume Two. Trade and Welfare, London, New York, Toronto 1955, S. 332 ff.

Dieser Gesichtspunkt ist für die Erklärung der Lohnunterschiede zwischen Ballungsräumen und ländlichen Bezirken wahrscheinlich nicht unerheblich.

d) Mobilitätshindernisse, räumliche Präferenzen und unterschiedliche Selbstversorgungsmöglichkeiten können sich in ihrer Wirkung auf regionale Lohndifferenzen aufheben oder verstärken. Selbst wenn sie sich kumulieren, ist ein nahezu vollkommener Ausgleich durch Anpassungen der Standortstruktur möglich, wenn das Gebiet reichlichen Arbeitskräfteangebots zu einem Zentrum arbeitsintensiver Produktionszweige wird und die Transportkosten wegen der Hochwertigkeit der Erzeugnisse und einer nicht ungünstigen Verkehrslage kaum ins Gewicht fallen.

9. *Bei der Erklärung regionaler Abweichungen im jährlichen Lohneinkommen*[19] *aus vergleichbaren Tätigkeiten dürfen Unterschiede in den betrieblichen Sozialleistungen, in der Arbeitszeit und in der Qualität der Arbeitskräfte nicht unberücksichtigt bleiben.*

Diese Feststellung bedarf keiner näheren Begründung. Gleichwohl sind einige ergänzende Bemerkungen angebracht:

a) Die Arbeitgeberanteile an den Beiträgen zur Sozialversicherung sind, soweit ihnen gleichwertige Leistungsansprüche der Arbeitnehmer gegenüberstehen, ökonomisch Bestandteile des effektiven Lohnes. Das muß insbesondere bei internationalen Lohnvergleichen beachtet werden. Überregionale gesetzliche Sozialversicherungssysteme, die eine Redistributionswirkung haben, können, dies sei nur am Rande vermerkt, unter Umständen auch regionale Unterschiede im Durchschnittseinkommen der Bevölkerung mildern.

b) Unterschiede in der jährlichen Arbeitszeit lassen sich — vor allem in den Außenbezirken — auf klimatische Umstände zurückführen. Das Klima kann aber auch die relative Präferenz der Arbeitnehmer für Einkommen und Muße beeinflussen, die im übrigen wahrscheinlich teils durch die Höhe des Einkommens, teils ethnologisch bestimmt ist.

c) Unterschiede in der Qualität der Arbeitskräfte kommen in der physischen oder intellektuellen Leistungsfähigkeit zum Ausdruck. Sie können ethnologisch begründet sein, aber auch vom Klima und den sozialen Umweltbedingungen abhängen. Von besonderem Interesse sind in diesem Zusammenhang die Einflüsse des sozialen Milieus. Sowohl die Kooperation als auch die Konkurrenz auf engem Raum sind geeignet, befruchtend und leistungssteigernd

---

[19] Der Begriff des Lohnes, wie er hier und im folgenden verwendet wird, umschließt auch die Bezüge der Angestellten und Beamten und den Unternehmerlohn.

zu wirken, so daß hier von einer besonderen Form gebietsinterner Ersparnisse gesprochen werden kann, die mit den betriebsexternen Ersparnissen des bekannten Erziehungszollarguments eng verwandt sind.

10. *Wenn die Lohneinkommen für vergleichbare Tätigkeiten auch nach Ausschaltung dieser Einflüsse regionale Unterschiede aufweisen, so sind Mobilitätshindernisse, räumliche Präferenzen und Unterschiede in den Selbstversorgungsmöglichkeiten nur notwendige Bedingungen dafür, daß sich diese Unterschiede nicht oder nicht völlig ausgleichen. Zu erklären bleibt dann immer noch, wodurch sie entstehen oder größer werden. Hierfür bietet die Grenzproduktivitätstheorie des Lohnes, die wir Johann Heinrich von Thünen verdanken, nach meiner Auffassung auch heute noch den besten Ansatz, wenn wir sie mit den Erkenntnissen der modernen Preistheorie und der Wachstumstheorie verknüpfen.*

Regionale Unterschiede im Reallohn für gleichartige Tätigkeiten können demnach ceteris paribus entstehen oder vergrößert werden als Folge von Unterschieden:

a) in der Entwicklung des Arbeitsangebots, die von einem unterschiedlichen Bevölkerungswachstum, aber auch von (politisch bedingten) Einwanderungen herrühren können, die die Grenzgebiete stärker berühren als die übrigen Regionen;

b) im Kapitalwachstum, hervorgerufen z. B. durch unterschiedliche Entwicklungschancen der verschiedenen nicht gleichmäßig auf die einzelnen Gebiete verteilten Produktionszweige und durch entsprechende Gewinne, die vornehmlich zur Ausweitung der bestehenden Betriebe verwandt werden;

c) in der Stärke des technischen Fortschritts, hervorgerufen durch die Abhängigkeit der Erfindungen von der organisierten und vom Kapitaleinsatz abhängigen Forschung in Verbindung mit den Beschränkungen, die die Mobilität des technischen Wissens durch die Patentgesetzgebung erfährt;

d) in den Betriebsgrößen und ihrer Entwicklung, d. h. in der Ausnutzung der Möglichkeiten der Großproduktion (interne Ersparnisse);

e) im Monopolgrad der Unternehmungen auf den Gütermärkten und auf dem Arbeitsmarkt, z. B. als Folge von Unternehmenskoalitionen und Fusionen;

f) in der organisatorischen Stärke und der Aktivität der Gewerkschaften.

All diese Faktoren haben ceteris paribus einen Einfluß entweder auf die Wertgrenzproduktivität der Arbeit oder auf die Beziehungen zwischen Lohn und Grenzprodukt.

11. Bei der Erklärung regionaler Unterschiede im durchschnittlichen Lohneinkommen müssen — außer den räumlichen Abstufungen in den jährlichen Verdiensten der einzelnen Berufsgruppen — *auch Unterschiede in der Beschäftigungsstruktur berücksichtigt werden.*

Sie lassen sich auf zwei unmittelbare Ursachen zurückführen. Einmal pflegt der Anteil der verschiedenen Produktionszweige an der Gesamtbeschäftigung von Gebiet zu Gebiet zu variieren. Zum anderen ist es möglich, daß einzelne Regionen einen verhältnismäßig hohen Anteil an den leitenden Positionen einer Industrie haben, während sich die Masse der weniger gut dotierten Arbeitsplätze dieser Industrie in anderen Gebieten befindet.

a) Regionale Verschiedenheiten in der Produktionsstruktur wären belanglos, wenn es keine sektoralen Unterschiede im Durchschnittseinkommen der Beschäftigten gäbe. Hierfür müßten die folgenden höchst wirklichkeitsfremden Voraussetzungen erfüllt sein. Einmal dürfte es für Arbeitskräfte mit gleich kostspieliger Ausbildung keine branchenmäßigen Lohnunterschiede geben. Das ist nur denkbar, wenn die Arbeit zwischen den Produktionszweigen völlig mobil ist und wenn keine branchenmäßigen Präferenzen, d. h. keine Unterschiede im Grenzleid der Arbeit, bestehen. Zum anderen müßte die qualitative Struktur des Arbeitskräftebedarfs von Branche zu Branche gleich sein. Vielleicht sind noch weitere Voraussetzungen nötig, aber es lohnt sich nicht, lange darüber nachzudenken. Allein wegen der unvollkommenen beruflichen Mobilität der Arbeitskräfte können sektorale Unterschiede im Lohnniveau für längere Zeit fortbestehen. Ihre Ursachen sind normalerweise in jenen Strukturwandlungen der Nachfrage nach Arbeitskräften zu suchen, die in einer wachsenden Wirtschaft mit dem Fortschritt der Technik, der Vermehrung des Realkapitals und der Erhöhung des Lebensstandards einhergehen. Gebiete, in denen ein verhältnismäßig hoher Prozentsatz der Arbeitnehmer in Branchen beschäftigt ist, die von der wirtschaftlichen Entwicklung begünstigt sind, werden ceteris paribus ein höheres Lohneinkommen pro Kopf aufweisen als Gebiete, in denen Produktionszweige dominieren, die unter einer geringen Rate des technischen Fortschritts oder einer niedrigen Einkommenselastizität der Nachfrage leiden. Ein Hinweis auf die Einkommensunterschiede zwischen Industrie- und Agrargebieten drängt sich unmittelbar auf.

b) Wenn zwei Gebiete hinsichtlich der Verteilung der Erwerbstätigen auf die einzelnen Produktionszweige keinen Unterschied aufweisen, aber die Leitung der Betriebe in dem einen Gebiet konzentriert ist, während im anderen vornehmlich die geringer entlohnten Tätigkeiten ausgeführt werden, sind ceteris paribus Unterschiede im Durchschnittseinkommen der Bevölkerung die Folge.

Man denke z. B. an die Bedeutung einzelner Städte und Stadtregionen als politische und wirtschaftliche Verwaltungszentren. Dieser Punkt berührt sich mit den bereits angesprochenen Unterschieden in der physischen und intellektuellen Leistungsfähigkeit der Bevölkerung, aber während dort an die eingesessene Bevölkerung gedacht wurde, handelt es sich hier darum, daß die von der geographischen Lage oder einer politischen Entscheidung her bestimmte Arbeitsplatzstruktur eines Ortes oder Gebietes eine Nachfrage nach besonders qualifizierten Kräften zur Folge hat, die in der Regel nur durch Zuwanderung gedeckt werden kann. Diese Überlegungen beziehen sich nicht nur auf Arbeiter, Angestellte und Beamte, sondern weitgehend auch auf die Vertreter der freien Berufe. Analytisch hängt die Unterscheidung damit zusammen, daß die räumliche Mobilität bei der Masse der Arbeitnehmer gering, bei den qualifizierten Kräften jedoch verhältnismäßig hoch ist.

12. Regionale Unterschiede im Durchschnittseinkommen der Wohnbevölkerung können auch auf Unterschieden im Prozentsatz der Erwerbstätigen beruhen.

a) Da Hausfrauen im Gegensatz zu Hausgehilfinnen für ihre Arbeit in der Regel kein Einkommen beziehen, das sich statistisch erfassen läßt, ist das Durchschnittseinkommen der Wohnbevölkerung in einem Gebiet ceteris paribus um so höher, je größer der Prozentsatz der berufstätigen Ehefrauen ist. In der ceteris-paribus-Klausel enthalten ist die Annahme, daß das Mehr an berufstätigen Frauen nicht durch eine größere Arbeitslosigkeit bei den Männern ausgeglichen wird. Sollte dies der Fall sein, weil etwa die Tariflöhne der Frauen unter denen der Männer liegen, so gilt die Aussage nicht. Man kann dann aber auch nicht ohne weiteres behaupten, daß das Durchschnittseinkommen der Wohnbevölkerung niedriger ist, als es ohne die Diskriminierung der Frauenarbeit sein würde. Anzunehmen ist vielmehr, daß die Unterbezahlung der Frauenarbeit entweder höhere Unternehmungsgewinne oder entsprechend höhere Tariflöhne für die beschäftigten Männer ermöglicht hat. Deshalb erscheint es richtig, den Anteil der Erwerbstätigen an der Zahl der Erwerbsfähigen als Erklärungsfaktor zu verwenden.

b) Ein vergleichsweise hoher Anteil der Jugendlichen, die das erwerbsfähige Alter noch nicht erreicht haben, drückt den Prozentsatz der Erwerbstätigen und damit ceteris paribus das Durchschnittseinkommen der Wohnbevölkerung in einem bestimmten Gebiet. Dieser Umstand ist für die Erklärung von Unterschieden im Pro-Kopf-Einkommen zwischen städtischen und ländlichen Regionen von Bedeutung, wenn die Geburtenrate auf dem Lande höher als in der Stadt ist. Staatliche Kinderbeihilfen tragen dazu bei, solche Einkommensunterschiede zu vermindern.

c) Ein vergleichsweise hoher Anteil der Erwerbsunfähigen und der Arbeitslosen an der Wohnbevölkerung drückt das statistische Durchschnittseinkommen in einem Gebiet, wenn es sich um Eingesessene handelt, weil dann angenommen werden kann, daß ihre Bezüge im Mittel unter dem Durchschnittseinkommen der übrigen Bevölkerung liegen.

Das braucht bei Zuwanderern aus anderen Regionen, die ihren Lebensabend in einer klimatisch günstigen Gegend oder in einem Gebiet mit vergleichsweise niedrigen Lebenshaltungskosten verbringen wollen, durchaus nicht zuzutreffen. Ein relativ hoher Anteil der Erwerbsunfähigen an der Wohnbevölkerung einer Region ist möglicherweise aber auch die Folge einer Abwanderung der Erwerbsfähigen in Gebiete mit besseren Verdienstchancen. Wird dadurch die Arbeitslosigkeit vermindert, so kann mit der Erhöhung des Anteils der Erwerbsunfähigen ebenfalls eine Steigerung des Durchschnittseinkommens der Wohnbevölkerung verbunden sein. Voraussetzung ist allerdings, daß die regionale Multiplikatorwirkung (der primären Verminderung des gebietlichen Volkseinkommens um den Betrag der weggefallenen Arbeitslosenunterstützung) klein ist. Eine Abwanderung von Erwerbsfähigen bei Vollbeschäftigung wird jedoch in der Regel keine Erhöhung, sondern eine Minderung des Durchschnittseinkommens der Wohnbevölkerung bewirken, vor allem, wenn angenommen werden kann, daß bessere Verdienstchancen in anderen Gebieten nicht so sehr die leistungsschwachen als die leistungsfähigen Beschäftigten zur Abwanderung ermutigen.

d) Anhaltende regionale Unterschiede im Anteil der Erwerbstätigen an der Wohnbevölkerung beruhen letztlich auf räumlichen Präferenzen, auf unterschiedlichen Lebenshaltungskosten und auf altersmäßigen Mobilitätsunterschieden. Gebiete, die wegen der Entwicklungschancen ihrer Hauptindustrien eine starke Nachfrage nach Arbeitskräften entfalten und deshalb Zuwanderungsgebiete sind, haben vermutlich auch einen hohen Anteil der Erwerbstätigen an der Wohnbevölkerung, weil die Ledigen und die kinderlosen Ehepaare mobiler sind als die kinderreichen Familien und weil die Familienangehörigen, die das erwerbsfähige Alter überschritten haben, häufig am bisherigen Wohnort bleiben wollen oder — wegen mangelnden Wohnraums in den Zuwanderungsgebieten — zurückbleiben müssen.

13. *Wenn angenommen werden kann, daß die Unternehmerlöhne und die Einkommen aus freiberuflicher Tätigkeit von Gebiet zu Gebiet mit dem Durchschnittsniveau der Löhne und Gehälter oder mit dem Durchschnittseinkommen der Einwohner variieren, verbleiben als letzte Möglichkeit für die Erklärung regionaler Einkommensunterschiede die Abweichungen in den Vermögenserträgnissen pro Kopf der Bevölkerung.*

Abgesehen vielleicht von einigen Angehörigen freier Berufe, die nicht mit dem Wirtschaftsleben eines bestimmten Gebietes verbunden sind und sich bei der Wahl ihres Lebensmittelpunkts von ihren räumlichen Präferenzen leiten lassen, ist zu vermuten, daß die regionale Verteilung der Einkommen aus freiberuflicher Tätigkeit nicht von der des Volkseinkommens abweicht. Der Unternehmerlohn ist bei allen Selbständigen statistisch nicht erfaßbar und insoweit eine rein theoretische Einkommenskategorie. Es kann daher nur angenommen werden, daß er in solchen Fällen mit den Gehältern der leitenden Angestellten vergleichbarer Betriebe übereinstimmt. Aus diesen Gründen darf darauf verzichtet werden, für diese Einkommensarten besondere Hypothesen aufzustellen. So verbleibt als letzte Aufgabe, regionale Abweichungen in den Vermögenserträgnissen pro Kopf der Bevölkerung zu analysieren. Solche Abweichungen können folgende Ursachen haben:

a) Wenn unterstellt wird, daß die Realverzinsung der Vermögen (einschließlich der Grundrenten und der Kapitalgewinne) überall gleich ist, muß die Ursache darin liegen, daß das Vermögen pro Kopf der Wohnbevölkerung in den einzelnen Gebieten voneinander abweicht, und zwar als Folge von

(1) Unterschieden in der Akkumulationswilligkeit oder der Akkumulationsfähigkeit der eingesessenen Bevölkerung in früheren Perioden,

(2) unterschiedlichen Vermögensschäden durch Krieg, Kriegsfolgen und Naturkatastrophen oder von

(3) Zu- oder Abwanderungen vor allem der Besitzer hoher Vermögen.

ad (1) Regionale Abweichungen in der Akkumulationswilligkeit der eingesessenen Bevölkerung lassen sich hauptsächlich mit ethnologischen, vielleicht auch mit konfessionellen Unterschieden erklären. Abweichungen in der Akkumulationsfähigkeit sind wohl nur auf Realeinkommensunterschiede in früheren Perioden zurückführbar und damit insbesondere auch

(α) auf Abweichungen in der Entwicklung der Grundstückpreise als Folge
der Entdeckung, Nutzbarmachung oder Erschöpfung von Bodenschätzen,
einer Veränderung der Zoll- und Währungsgrenzen und eines regional unterschiedlichen Ausbaus des Verkehrswesens und der ökonomischen Infrastruktur.
(β) auf unterschiedliche Kapitalgewinne, z. B. als Folge einer Begünstigung oder Benachteiligung der in den einzelnen Gebieten dominierenden Produktionszweige durch die bisherige wirtschaftliche Entwicklung.

ad (2) u. (3) Während unterschiedliche Vermögensschäden durch Kriegseinwirkungen oder Naturkatastrophen als exogene Faktoren aufgefaßt werden müssen, kann man bei einer Zu- oder Abwanderung der Besitzer großer Vermögen durchaus auch Vermutungen grundsätzlicher Art aufstellen. Die soeben angeführten Gründe für die unterschiedliche Entwicklung der Bodenpreise und der Kapitalgewinne lassen sich auch als Ursachen unterschiedlicher Kapitalattraktion auffassen. Zusätzlich muß jedoch in diesem Zusammenhang angenommen werden, daß die Kapitalbesitzer dem Kapital auf seinem Weg folgen. Wenn es sich um Realinvestitionen und nicht um den Erwerb von Wertpapieren handelt, ist diese Annahme durchaus berechtigt. Im übrigen kann die Zu- oder Abwanderung von Kapitalbesitzern auf räumliche Präferenzen zurückgeführt werden. Das Wort Thünens von Berlin als dem „Sitz der großen Kapitalisten" läßt sich durchaus zu der Hypothese erweitern, daß die Besitzer großer Vermögen eine Präferenz für die zentralen Regionen eines Landes oder die zentralen Orte eines Gebietes haben, weil sie Fühlungsvorteile und besondere kulturelle Möglichkeiten bieten oder einfach als vornehme Wohnorte gelten.

b) Nun wurde bisher unterstellt, daß die Realverzinsung der Vermögen einschließlich der Kapitalgewinne keine regionalen Unterschiede aufweist.

(1) In der kurzen Periode ist diese Annahme schon deswegen unrealistisch, weil der Prozeß des wirtschaftlichen Wachstums auch heute noch mit konjunkturellen Schwankungen verbunden ist, deren Einfluß auf die Beschäftigungs- und Ertragslage von Branche zu Branche verschieden zu sein pflegt. In der regionalen Betrachtung könnte er höchstens dann vernachlässigt werden, wenn es sich um Gebiete mit gleichartiger Produktionsstruktur handelt. Aber auch in diesem Falle wäre

zu berücksichtigen, daß sich konjunkturelle Schwankungen nur allmählich im Raum ausbreiten und daß sie dabei in der Regel gedämpft, in Ausnahmefällen aber auch verstärkt werden können. Das mag vielleicht nur im internationalen Rahmen von Bedeutung sein, darf aber auch für regionale Vergleiche in großräumigen Volkswirtschaften nicht gänzlich übersehen werden.

(2) Auch während längerer Zeiträume kann die Realverzinsung der Vermögen regional verschieden sein.

(α) Eine erste Ursache dafür ist darin zu erblicken, daß die Entwicklungschancen der einzelnen Produktionszweige nicht gleich sind. Branchen, in denen das Angebot hinter der stark wachsenden Nachfrage zurückbleibt, sind meist in der Lage, die Preise und damit — bei konstanten Stückkosten — die Gewinnmargen zu erhöhen und — bei konstantem Kapitaleinsatz pro Stück — die Rentabilität des Kapitals zu steigern, während Produktionszweige, für deren Erzeugnisse die Nachfrage kaum oder nur langsam wächst, ceteris paribus weniger große Gewinnchancen haben und sich meist mit einer geringeren Rentabilität des Kapitals begnügen müssen. Je nachdem, ob in einem Gebiet die eine oder andere Gruppe von Produktionszweigen dominiert, wird die durchschnittliche Rentabilität des Kapitals vergleichsweise hoch oder niedrig sein.

(β) Ähnlich wirken sich unterschiedliche Möglichkeiten aus, den Druck des steigenden Lohnniveaus durch Rationalisierungsmaßnahmen aufzufangen.

(γ) Ferner ist auf die Möglichkeit regionaler Unterschiede in der Monopolisierung des Angebots hinzuweisen. Wenn sich in einem Gebiet vergleichsweise viele Betriebe mit einer starken Monopolstellung auf den in- und ausländischen Märkten befinden, werden ceteris paribus die Gewinne pro Kopf der Bevölkerung höher sein als in Gebieten, in denen Klein- und Mittelbetriebe vorherrschen, die in starken Konkurrenzbeziehungen stehen oder unter dem Druck preisgünstiger Importe leiden.

(δ) Schließlich können regionale Abweichungen in der Rentabilität des Vermögens auch auf unterschiedlichen Verhaltensweisen der Vermögensbesitzer beruhen. Wenn die Bewohner eines Gebietes es vorziehen, ihr Vermögen in verhältnismäßig liquider oder in relativ sicherer Form anzulegen und die Ausnutzung riskanter, aber ertragreicher Anlagemöglichkeiten den Bewohnern anderer Gebiete überlassen, werden die Vermögenserträgnisse niedriger sein, mag auch das Durchschnittsvermögen pro Kopf der Bevölkerung dieselbe Höhe haben. Solche Unterschiede in der Liquiditäts- und Sicherheitspräferenz oder — anders ausgedrückt — im Unternehmungsgeist der Bevölkerung können, wie alle Verhaltensweisen, ethnologisch oder konfessionell begründet sein, ihre Ursache aber auch im sozialen Milieu und in historischen Erfahrungen haben. Diese Hinweise sind wahrscheinlich für regionale Vergleiche im nationalen Rahmen nicht so bedeutsam wie für die Erklärung von Einkommensunterschieden zwischen Nationalwirtschaften.

14. Diese Aufzählung der Erklärungsmöglichkeiten für regionale Einkommensunterschiede ist sicherlich in mancher Hinsicht ergänzungsbedürftig und stellt daher nur einen ersten Versuch dar. Ein anderes klassifikatorisches Schema hätte vielleicht einige hier nur versteckt enthaltene Gründe deutlicher zutage gefördert, und eine bessere Kenntnis der Fakten, als ich sie habe, hätte wahrscheinlich auch zu einer anderen Akzentuierung geführt[20]. So wichtig die Deduktion und die Taxonomie als Hilfsmittel für die Suche nach den relevanten Fakten und für die Ordnung des empirischen Materials sind, so notwendig ist es, das Rationalschema immer wieder an Hand der laufenden Erfahrungen und Beobachtungen zu vervollständigen oder zu modifizieren.

Das theoretische Vorurteil, das notwendig ist, um die wichtigsten Fragen an die Wirklichkeit zu stellen, muß sich mit einer undogmatischen Haltung verbinden, damit aus der Verwunderung darüber, daß die Wirklichkeit oftmals anders ist, auch wieder neue Hypothesenfragen formuliert werden. Thünen ist uns unerreichtes Vorbild auch in dieser Hinsicht, weil er die Wirklichkeit mit den Augen des Theoretikers sah und das Modell stets auch mit den Augen des Praktikers betrachten mußte und so gezwungen war, beide Bilder zur Übereinstimmung zu bringen.

15. Bei der Gliederung des Raumes in Regionen kann man entweder nach dem Homogenitätsprinzip verfahren und Zonalregionen bilden oder von der Existenz eines hierarchischen Systems von Nodalregionen ausgehen.

a) Es ist nun an der Zeit, die Frage aufzuwerfen, nach welchen Prinzipien und Kriterien der Raum für die Zwecke der Einkom-

---

[20] An dieser Stelle fällt mir nachträglich auf, daß ich vergessen habe, die rassische Diskriminierung und damit die Ausbeutung eines Bevölkerungsteils durch einen anderen als mögliche Ursache regionaler Einkommensunterschiede zu berücksichtigen.

mensanalyse regional gegliedert werden soll. Diese Frage ist berechtigt, weil Definitionen Untersuchungswerkzeuge sind und weil eine bestimmte Definition für das eine Problem ein gutes und für das andere Problem ein schlechtes Werkzeug sein kann. So ist die Aufteilung der Welt in politische Blöcke und Nationalstaaten und der Nationalstaaten in Verwaltungsbezirke in gewisser Hinsicht auch für die Untersuchung räumlicher Einkommensunterschiede bedeutsam. Die zahlreichen Hinweise auf historische Faktoren, auf wirtschafts-, finanz- und sozialpolitische Einflüsse, die in die bisherigen Überlegungen eingeflochten wurden, lassen dies deutlich genug erkennen. Die zur Zeit vorhandenen Statistiken zwingen meist auch dazu, in der empirischen Forschung dieser vorgegebenen Gliederung zu folgen. Sie ist für einige Fragestellungen, wie z. B. die Untersuchung der räumlichen Einkommenswirkungen des Finanzausgleichs, auch die einzig zweckmäßige Einteilung.

b) Für die Isolierung anderer Einflüsse ist sie vergleichsweise unbrauchbar[21]. So würde man die Wirkung der Verkehrslage auf das Einkommen in einem Raum, der mit einem Thünenschen System identifiziert werden könnte, am besten dadurch herausfinden, daß man jeweils die Standorte in einem Gebiet zusammenfaßt, die im Verkehr mit dem Zentrum gleich günstig liegen. Das Ergebnis wäre die Unterscheidung zwischen einer Zentralregion und einer Reihe von Ringregionen. Wird die Produktionsstruktur als wesentliches Kriterium erkannt, so liegt es nahe, zwischen vorwiegend agrarischen Zonen, Bergbaugebieten und Industriegebieten zu unterscheiden und vielleicht noch einen dritten Typ von Regionen zu bilden, in denen die tertiäre Produktion vorherrschend ist. Andere Faktoren treten deutlicher zutage, wenn der Gesamtraum in Klimazonen, in Sprachgebiete oder in Stammesgebiete gegliedert wird. All diese Einteilungen beruhen auf dem Homogenitätsprinzip: die Orte einer Region müssen mindestens in einer Hinsicht gleichartig sein. Am besten ist es natürlich, wenn die Gebietsgrenzen so gezogen werden, daß die Orte unter möglichst vielen Gesichtspunkten gleichartig sind, weil es dann kaum mehr nötig wäre, die Gebietsgrenzen je nach der Fragestellung zu variieren. Das setzt die Wahl relativ kleiner Gebietseinheiten voraus. Man kann sie dann je nach dem Zweck in größere Gruppen oder Zonen zusammenfassen.

---

[21] Edgar M. *Hoover* schreibt in Übereinstimmung mit Harvey S. *Perloff*: „The ideal boundaries of a region must depend on the specific problem being dealt with at a specific time and therefore cannot generally be uniform for many different problems or different times." Regional Income, a.a.O., S. 62.

c) Sind die Thünenschen Ringe ein Beispiel für die nach dem Homogenitätsprinzip gebildeten Zonalregionen, so kann man den Isolierten Staat in seiner Gesamtheit als Prototyp eines anderen Regionalbegriffs betrachten, der in neuerer Zeit stark in den Vordergrund gerückt worden ist. Es handelt sich um die sogenannte Nodalregion[22], die aus einem zentralen Ort und seinem Ergänzungsgebiet besteht. Christaller hat in seiner bekannten Studie über „Die zentralen Orte in Süddeutschland"[23] das hierarchische System der Städte und ihrer Ergänzungsgebiete dargestellt, dem dann August Lösch mit seiner Theorie der Marktnetze und der Systeme von Marktnetzen eine mathematische Fundierung gegeben hat. Isard hat das Lösch-System schließlich durch Berücksichtigung der sich ergebenden Unterschiede in der Bevölkerungsdichte von einigen inneren Widersprüchen befreit[24]. Dieses Thünen-Christaller-Lösch-System läßt sich sehr wohl auch mit Predöhls Vorstellung einer trikonzentrischen Weltwirtschaft in Übereinstimmung bringen. Wir hätten dann drei weltwirtschaftliche Nodalregionen, von denen eine Europa umfassen würde. Ihr ökonomisches Zentrum würde etwa im Raum der Rheinmündung und der Themsemündung liegen und als industrielles Kerngebiet anzusprechen sein, das gleichzeitig auch Städte enthält, die supranationale Funktionen im Bereich des Handels und seiner Finanzierung wahrnehmen. Die nationalen Grenzen und die damit verbundenen Abschließungstendenzen haben diese Kernbildung beeinträchtigt und den nationalen Nodalregionen und ihren Zentren eine größere Bedeutung gegeben, als sie sie sonst vielleicht erreicht hätten. Christaller nennt die nationalen Zentren R-Orte als Symbol für Reichshauptstädte. Die Hierarchie der Nodalregionen setzt sich nach unten fort mit jenen Gebieten, in deren Zentren die Landeshauptstädte oder L-Orte liegen. Von diesen L-Orten haben einige den Charakter eines Zwischentyps, wie Hamburg und München oder Bordeaux, Lyon und Marseille oder Mailand und Neapel. Reine L-Orte wären dagegen z. B. Frankfurt, Stuttgart, Nürnberg-Fürth, Straßburg, Nancy oder Zürich. Es folgen in Christallers System die Provinzialhauptorte (Beispiele: Würzburg, Kassel, Basel) mit etwa 100 000 Einwohnern im Jahre 1933 und ihren Ergänzungsgebieten, dann die Gaue, deren zentrale Orte ungefähr 30 000

---

[22] Walter *Isard*, Current Developments in Regional Analysis, Weltw. Archiv Bd. 69, 1952, S. 81 ff.
[23] Walter *Christaller*, Die zentralen Orte in Süddeutschland. Eine ökonomisch-geographische Untersuchung über die Gesetzmäßigkeit der Verbreitung und Entwicklung der Siedlungen mit städtischen Funktionen. Jena 1933.
[24] Walter *Isard*, Location and Space Economy. New York, London 1956, S. 271 ff.

Einwohner hatten (Beispiele: Fulda, Kaiserslautern) und die Bezirke mit zentralen Plätzen von damals etwa 10 000 Einwohnern. Die Identifizierung der Wirklichkeit mit dem rationalen Schema der Hierarchie bereitet zwar gewisse Schwierigkeiten, aber wenn wir statistisches Material über das Durchschnittseinkommen der zentralen Orte und ihrer Ergänzungsgebiete bis hinunter zu den Stadt- und Landkreisen hätten, wäre für die regionale Einkommensanalyse sehr viel gewonnen.

d) Mit einem derart aufgegliederten Material könnte man sowohl jene Hypothesen testen, die eine Gruppierung der Standardregionen zu Zonalregionen erfordern, als auch Hypothesen, die in enger Verbindung mit der Hierarchie der Regionen stehen.

16. Aus der Existenz eines hierarchischen Systems von Nodalregionen ergibt sich die Notwendigkeit, die bisher aufgestellten Vermutungen über die Ursachen regionaler Einkommensunterschiede in Annäherung an die Wirklichkeit so zu kombinieren, daß in ihnen auch die vertikalen Abhängigkeiten berücksichtigt werden.

a) Da die Hierarchie der Regionen in der Hierarchie der zentralen Orte zum Ausdruck kommt, ja weitgehend durch sie bestimmt wird, muß das Ziel darin bestehen, eine möglichst einfache Hypothese über das Durchschnittseinkommen der Städte verschiedener Rangordnung aufzustellen. So können wir formulieren:

(1) Orte höherer Rangordnung haben gegenüber Orten niederer Ordnung ceteris paribus eine größere Einwohnerzahl und eine höhere Besiedlungsdichte und folglich höhere Mieten und Bodenpreise, so daß vermutlich auch die Lebenshaltungskosten höher und die Selbstversorgungsmöglichkeiten der Haushalte geringer sind. Dies hat zur Folge, daß in ihnen auch die Nominaleinkommen für gleichartige Tätigkeiten höher sind.

(2) Städte höherer Ordnung haben gegenüber Orten niederer Ordnung einen geringeren Anteil der Landwirtschaft und einen größeren Anteil der Industrie und der tertiären Produktion an der Gesamtbeschäftigung. Der geringere Anteil der Landwirtschaft beruht auf der Bodenknappheit und der Tatsache, daß diese Orte nicht nur, wie die Zentren niederer Ordnung, Betriebe mit kleinem Absatzradius beherbergen; sie sind außerdem der bevorzugte Standort für die Erzeugung von Gütern mit einem größeren Absatzgebiet entsprechend der größeren Region, deren Mittelpunkt sie bilden.

Als Verkehrs- und Handelszentren, als Einkaufs-, Verwaltungs- und Kulturzentren größerer Gebiete übernehmen sie im Austausch gegen Agrarerzeugnisse oder bestimmte gewerbliche Produkte auch Aufgaben im Bereich der tertiären

Produktion, die die Zentren niederer Ordnung wegen ihrer geringeren Größe und ihrer ungünstigeren Lage nur mit vergleichsweise höheren Kosten oder überhaupt nicht erfüllen könnten. Sofern in der Industrie und in der tertiären Produktion für gleichartige Tätigkeiten höhere Reallöhne geboten werden oder der Bedarf an qualifizierten Arbeitskräften und Spezialisten relativ größer ist als in der Landwirtschaft, ergibt sich die Folgerung, daß das durchschnittliche Nominaleinkommen in den Orten höherer Ordnung auch aus diesem Grunde höher sein muß als in den Orten niederer Ordnung. Wenn der Anteil der in der Landwirtschaft arbeitenden Bewohner in einem Ort bestimmter Ordnung praktisch null ist, kann das durchschnittliche Lohneinkommen im Zentrum der nächsthöheren Ordnung nur höher sein, wenn dort verhältnismäßig mehr qualifizierte Kräfte und Spezialisten tätig sind. Diese Annahme dürfte in der Regel wohl auch zutreffen.

(3) Wegen ihrer größeren Bedeutung als Zentren der Kultur und der zivilisatorischen Errungenschaften, als Verkehrsknotenpunkte und als Finanz- und Verwaltungszentren üben Städte höherer Ordnung auch eine größere Anziehungskraft auf die Bezieher hoher Besitzeinkommen aus als Städte niederer Ordnung. Wenn man die Städte so abgrenzt, daß auch die Vorortgürtel einbezogen sind, kann die Vermutung aufgestellt werden, daß das durchschnittliche Besitzeinkommen in Städten höherer Ordnung über dem in Orten niederer Ordnung liegt.

(4) Aus diesen Überlegungen ergibt sich die generelle *Hypothese, daß das Durchschnittseinkommen der Bevölkerung in den Städten eine Funktion ihres Platzes im hierarchischen System der zentralen Orte ist.* Diese Vermutung deckt sich in gewissem Umfang mit der Behauptung, das Durchschnittseinkommen sei eine steigende Funktion der Größe der Städte. Voraussetzung für die Übereinstimmung beider Hypothesen ist allerdings die Annahme, daß die Größe der Städte ihrem Rang im hierarchischen System entspricht. Diese Annahme trifft wahrscheinlich für eine Reihe von Großstädten in Bergbau und Industriebezirken nicht zu[25].

b) *Wenn davon ausgegangen wird,*

(1) *daß die* transportkostenbedingten Vorzüge der Arbeitsteilung auf engem Raum zur Bildung eines hierarchischen Systems von *Zentren* führen, *die je nach ihrem Rang das Wirtschafts-*

---

[25] Der Hauptgrund liegt darin, daß das hierarchische System der zentralen Orte auf der vereinfachten Annahme der Absatzorientierung beruht und die Existenz räumlich konzentrierter Rohstoffvorkommen außer Betracht läßt.

leben eines ganzen Kontinents, einer nationalen Volkswirtschaft oder einer Region niederer Ordnung auf sich ausrichten, und die Wirkungen der Zentren verschiedener Ordnung sich in bezug auf ein Gebiet überlagern;

(2) *daß sich die Vorteile der Arbeitsteilung auf engem Raum darin niederschlagen, daß in den Zentren die Grundrenten und — zum Ausgleich für höhere Mieten und höhere Preise gewisser Nahrungsmittel — auch die Nominallöhne höher sind als in den jeweiligen Ergänzungsgebieten;*

(3) *daß die Zentren als Standorte der Industrie und der tertiären Produktion stärkere Entwicklungsmöglichkeiten haben als die mehr agrarisch strukturierten Ergänzungsgebieten und daher in den Expansionsphasen eine hohe und steigende Nachfrage nach Arbeitskräften entfalten, die zum Teil nur durch Zuwanderung aus den Ergänzungsgebieten gedeckt werden kann, so daß in den Zentren auch die Reallöhne höher sind als in den jeweiligen Ergänzungsgebieten;*

(4) *daß die Zentren vor allem qualifizierte Arbeitskräfte anlocken und auch aus diesem Grunde ein höheres Niveau der Arbeitseinkommen aufweisen;*

(5) *daß in den Zentren schließlich auch die Besitzeinkommen pro Kopf höher sind als in den Ergänzungsgebieten,* weil die Grundrenten höher und die Akkumulationsmöglichkeiten größer sind, weil aus Milieugründen das Erwerbsstreben stärker und die Liquiditäts- und Sicherheitspräferenz bei der Kapitalanlage geringer ist, und weil die Zentren auch die Besitzer hoher Vermögen anlocken,

gelangt man zu folgender Hypothese:

A. *Innerhalb einer kontinentalen Nodalregion muß vom Zentrum zum Rand ein tendenzielles Einkommensgefälle vorhanden sein.* Für Europa bedeutet dies, wenn man das Zentrum zwischen Rhein- und Themsemündung legt, daß das Durchschnittseinkommen in Großbritannien von Südosten nach Nordwesten, in Frankreich von Nordosten nach Südwesten, in der Bundesrepublik Deutschland von Nordwesten nach Südosten und in Italien von Norden nach Süden tendenziell sinken muß. In den USA wird man wohl mindestens zwei Zentren unterstellen müssen, das eine im Nordosten und das andere im aufblühenden Kalifornien, und vielleicht noch ein drittes Zentrum im Gebiet der Großen Seen.

B. *Das kontinentale Einkommensgefälle in den einzelnen Ländern wird beeinflußt von den Wirkungen der nationalen Zentren.* Orte und Gebiete gleichen Ranges und gleicher ökonomischer Entfernung vom Kontinentalzentrum werden deshalb ein unterschiedliches Durchschnittseinkommen aufweisen, wenn ihre Verkehrslage zum nationalen Zentrum verschieden ist. Das ist nur für Länder bedeutsam, deren nationales Zentrum nicht mit dem kontinentalen zusammenfällt, also z. B. für Frankreich und Italien oder für Deutschland vor 1945. Die Bedeutung der nationalen Zentren gegenüber dem kontinentalen Zentrum wird durch die Außenwirtschaftspolitik verstärkt oder geschwächt, je nachdem, ob eine Autarkie oder eine supranationale Integration angestrebt wird.

C. *Mit diesen Wirkungen verbindet sich der Einfluß von zweitrangigen nationalen Zentren auf das Einkommen in den Zentren und Regionen dritter Ordnung.* So ist zu vermuten, daß ein Ort (oder Gebiet) dritter Ordnung, der (das) eine günstige Verkehrslage sowohl zum kontinentalen als auch zum nationalen Zentrum hat, ein höheres Durchschnittseinkommen aufweist als ein gleichrangiger Ort (oder ein gleichrangiges Gebiet), dessen wirtschaftliche Entfernung zu beiden Zentren größer ist. Entsprechendes gilt für Zentren und Gebiete niederer Ordnung.

III. Vergleich einiger Hypothesen mit den Fakten

17. Teils aus Zeitmangel und teils infolge fehlender statistischer Unterlagen können nur wenige Ergebnisse eigener empirischer Untersuchungen vorgelegt werden. Im übrigen muß ich mich damit begnügen, die aufgestellten Hypothesen mit den Forschungsergebnissen anderer Autoren zu konfrontieren, die zum Teil andersartigen Vermutungen nachgegangen sind. Die Gegenüberstellungen haben infolgedessen nur den Charakter eines ersten Versuchs.

18. Die Vermutung, daß das Einkommen in den Städten mit der Größe der Städte zunimmt, ist für die USA zum Gegenstand einer an der Duke University durchgeführten Untersuchung gemacht worden, über die Edwin Mansfield berichtet[26]. Danach ergibt sich etwa folgendes Bild:

a) Das Median-Einkommen[27] war im Jahre 1949 in der Klasse der größten Städte (über 500 000 Einwohner) durchschnittlich um 25 vH höher als in der Gruppe der kleinsten Städte (unter 5000 Einwohner), wenn man die kleinen Orte in den großstädtischen Randbezirken (urbanized areas) ausklammert[28]. Der

---

[26] Edwin *Mansfield*, City Size and Income, 1949, in: Regional Income, a.a.O., S. 271 ff.
[27] Die Angaben über das Einkommen beziehen sich immer auf den Zentralwert (Median) der Einkommen der städtischen Haushaltungen.
[28] *Mansfield*, a.a.O., S. 275 (Table 1) und S. 306.

Einkommensunterschied ist größer, wenn zu den Großstädten auch die außerhalb ihrer Verwaltungsgrenzen liegenden Randbezirke hinzugeschlagen werden, weil dort das Einkommen durchschnittlich noch um $ 50 bis 100 höher ist[29].

b) Die Wahrscheinlichkeit, daß eine zufällig ausgewählte Stadt von über 500 000 Einwohnern ein höheres Median-Einkommen aufweist als eine zufällig ausgewählte Stadt der kleinsten Größenklasse, ist 80 vH. Der Grad der Wahrscheinlichkeit erreicht knapp 60 vH, wenn die kleinsten Städte mit den Städten zwischen 25 000 und 50 000 Einwohnern verglichen werden[30].

c) Während im Gebiet der Großen Seen (East North Central), im mittleren Nord-Westen (West North Central) und im Süden der Zusammenhang zwischen der Größe der Städte und der Höhe ihrer Median-Einkommen verhältnismäßig deutlich erkennbar ist, scheint er in den beiden westlichen Zensus-Regionen (Pacific und Mountain) und im Nordosten in den Neu-England-Staaten überhaupt nicht vorhanden zu sein[31]. Eine Erklärung dafür gibt Mansfield nicht.

d) Die Median-Einkommen in isolierten Städten nehmen ziemlich deutlich mit der Größe der Städte zu, aber der Zusammenhang tritt bei benachbarten Städten erst zutage, wenn sie auf der Grundlage ihrer kombinierten Größe klassifiziert werden[32]. Diese Tatsache scheint die Vermutung zu bestätigen, daß nicht so sehr die Größe der Städte als ihr Rang im System der zentralen Orte maßgebend ist. Leider eliminiert Mansfield den Einfluß der benachbarten Städte zur gleichen Zeit wie die regionalen Unterschiede im Median-Einkommen der Städte gleicher Größe[33], so daß nicht ersichtlich ist, welche Bedeutung unserem Argument zukommt.

19. Die Vermutung, daß das Durchschnittseinkommen mit zunehmender ökonomischer Entfernung von den Zentren höchster Ordnung abnimmt, deckt sich mit folgenden Feststellungen für die USA.

a) Nach Mansfield ist der Grad der Wahrscheinlichkeit 75 bis 80 vH, daß eine durch Zufall ausgewählte Klein- oder Mittelstadt des Südens ein niedrigeres Median-Einkommen aufweist als eine ebenso ausgewählte Stadt der fernwestlichen, der nördlichen oder der nordöstlichen Regionen des Landes. Bei Großstädten von 100 000 bis 250 000 Einwohnern ist diese Wahrscheinlichkeit sogar höher als 90 vH[34].

---

[29] *Mansfield*, a.a.O., S. 304, Fußnote.
[30] *Mansfield*, a.a.O., S. 284 (Table 5).
[31] Vgl. Table 3 bei Mansfield, a.a.O., auf S. 277 und S. 306.
[32] *Mansfield*, a.a.O., S. 285 und Table 6 auf S. 286.
[33] Ebenda S. 288 und Table 7 auf S. 287.
[34] *Mansfield*, a.aO., S. 292 f.

b) Das Pro-Kopf-Einkommen in den Einzelstaaten der USA, das für den Durchschnitt der Jahre 1929 bis 1950 vorliegt[35], sinkt von New York aus in nordwestlicher Richtung ohne Unterbrechung. Während es im Staate New York $ 1156 beträgt, ist es in Connecticut $ 1075, in Massachusetts $ 977, in New Hampshire $ 777 und in Maine $ 711. Nach Süden verläuft das Einkommensgefälle von New York aus über New Jersey mit $ 1038, Delaware mit $ 1048, Maryland mit $ 893, Virginia mit $ 616, North Carolina mit $ 481 bis South Carolina mit $ 431. Von dort steigt das Einkommen in Richtung auf Florida wieder an. In Georgia beträgt es $ 488 und in Florida $ 651.

c) Bewegt man sich vom Zentrum Chicago in nordwestlicher Richtung, so sinkt das Pro-Kopf-Einkommen von $ 986 in Illinois auf $ 730 in Iowa, $ 726 in Minnesota und $ 662 in South Dakota und North Dakota. Ebenso fällt das Einkommen in südlicher Richtung: Illinois $ 986, Missouri $ 743, Tennessee $ 498 und Mississippi $ 358.

d) Geht man vom fernwestlichen Zentrum aus (California: $ 1051 und Nevada: $ 1060), so ist ebenfalls ein deutliches Einkommensgefälle nach Norden (Oregon: $ 842 und Idaho: $ 696), nach Osten (Utah: $ 701, Colorado: $ 770 und Kansas: $ 716) und nach Süd-Osten (Arizona: $ 663, New Mexico: $ 544, Texas: $ 634 und Louisiana: $ 539) feststellbar.

20. In Frankreich muß nach unserer Hypothese ein Einkommensgefälle von Nord-Osten nach Süd-Westen bestehen. Mit dieser Vermutung stimmen folgende Feststellungen überein:

a) Mit Ausnahme des Département Pyrenées-Orientales liegen alle bedeutenden Départements mit einem den Landesdurchschnitt übersteigenden Pro-Kopf-Einkommen nordöstlich der Linie Rouen-Nîmes. Die überwiegende Mehrheit befindet sich sogar nordöstlich der Linie Rouen-Genf[36].

b) Jean Marchal und Jacques Lecaillon, die die regionalen Abweichungen im jährlichen Lohneinkommen pro Kopf der Beschäftigten untersucht haben, treffen eine Unterscheidung zwischen den Gebieten nordöstlich und südwestlich der Linie Le Havre-Marseille. Während in keinem der 45 Départements der nordöstlichen Hälfte das durchschnittliche Lohneinkommen weniger als 61 vH des Lohneinkommens im Département Seine

---

[35] Vgl. Table 4 bei Frank A. *Hanna*, Analysis of Interstate Income Differentials: Theory and Practice, in: Regional Income, a.a.O., S. 134 f. Es ist verwunderlich, daß Hanna in seiner Analyse den räumlichen Aspekt überhaupt nicht berührt.
[36] L'Espace Economique Français, a.a.O., S. 74. Die Angaben beziehen sich auf das Einkommen von 1951 und die Bevölkerung von 1954.

(Paris) beträgt, ist dies bei 37 der 43 Départements in der südwestlichen Hälfte des Landes der Fall[37].

21. Für Großbritannien läßt unsere Hypothese ein Einkommensgefälle von Süd-Osten nach Nord-Westen vermuten. Tatsächlich lag das durchschnittliche Lohneinkommen im Jahre 1948 in London und Südost-England 8,2 vH über dem Landesdurchschnitt, der in Nordwest-England um 2,3 vH, in Schottland um 4,9 vH und in Nord-Irland um 21 vH unterschritten wurde. In den Midlands, im Norden Englands und in Wales weicht das Lohneinkommen vom Landesdurchschnitt kaum ab[38].

22. Die im Anhang zusammengestellten Angaben über das steuerpflichtige Durchschnittseinkommen und das Soll-Aufkommen aus der Einkommensteuer je Einwohner im Jahre 1925 in den Finanzamtsbezirken des Deutschen Reiches liefern eine weitgehende Bestätigung für die Hypothesen vom Nordwest-Südost-Gefälle und vom Einfluß der zentralen Orte.

a) Die gradlinige Strecke I, die von Cleve im Nordwesten nach Obernzell im Südosten führt, berührt 42 Finanzamtsbezirke. Von den 21 Bezirken südöstlich von Kissingen, das von Cleve aus gerechnet die laufende Nr. 21 trägt, hatten nicht weniger als 13 ein Soll-Aufkommen aus der Einkommensteuer, das niedriger war als das niedrigste der 21 Bezirke auf dem nordwestlichen Teil der Strecke.

b) Die gradlinige Strecke II, die in der gleichen Richtung von Stade über Berlin nach Beuthen verläuft, berührt 32 Finanzamtsbezirke. Von den 19 Bezirken südöstlich von Berlin hatten neun ein steuerpflichtiges Einkommen je Kopf der Bevölkerung, das niedriger war als das niedrigste auf der Strecke nordwestlich von Berlin. Der R-Ort Berlin wies das höchste, der RT-Ort Hamburg das zweithöchste Durchschnittseinkommen auf. Läßt man Wandsbek außer Betracht, weil es zu Hamburg gerechnet werden kann, so folgte als Bezirk mit dem dritthöchsten Durchschnittseinkommen die Stadt Breslau, der einzige reine L-Ort auf dieser Strecke. Die Zusammenstellung läßt auch erkennen, daß es ein Einkommensgefälle um diese zentralen Orte gibt.

c) Um den Einfluß anderer zentraler Orte im Zusammenhang mit dem Nordwest-Südost-Gefälle zu demonstrieren, wurden in Tabelle III die Soll-Aufkommen je Einwohner in denjenigen Finanzbezirken zusammengestellt, die von der gebrochenen Linie

---

[37] Jean *Marchal* et Jacques *Lecaillon*, a.a.O., S. 311.
[38] Ph. *Deane*, Regional Variations in United Kingdom Incomes from Employment, 1948. Journal of the Royal Statistical Society, 1953, Series A, Part II.

Geldern, Düsseldorf, Köln, Frankfurt, Mannheim, Karlsruhe, Stuttgart, München, Berchtesgaden berührt werden. Das durchschnittliche Soll-Aufkommen aus der Einkommensteuer war am höchsten in Frankfurt (RM 167,9), Stuttgart (RM 142,0), Düsseldorf (RM 102,4), Mannheim (RM 102,0), München (RM 96,9). Mit Ausnahme von Mannheim handelt es sich hierbei sämtlich um L-Orte. Daß die Stadt München, der von Christaller auch die Funktion eines RT-Ortes zugeschrieben wird, gleichwohl in dieser Gruppe an letzter Stelle steht, kann wohl auf die Wirkung des Nordwest-Südost-Gefälles zurückgeführt werden. Die Orte der nächstniedrigen Ordnung, das sind Karlsruhe (RM 95,6), Darmstadt (RM 95,1), Köln (RM 89,1), Augsburg (RM 86,0) liegen auch hinsichtlich des durchschnittlichen Soll-Aufkommens aus der Einkommensteuer unter dem Niveau der L-Orte. Bei Köln hätte ich allerdings sowohl unter der Hypothese des Nordwest-Südost-Gefälles als auch unter dem von Christaller hervorgehobenen Gesichtspunkt, daß es zusammen mit Düsseldorf die Funktionen eines RT-Ortes wahrnimmt, ein höheres Einkommen erwartet.

23. Die Bedeutung der strukturellen Faktoren für die Erklärung regionaler Abweichungen im Durchschnittseinkommen der Bevölkerung versucht Frank A. Hanna für die USA mit Hilfe der Standardisierungsmethode statistisch zu erfassen[39]. Er gelangt dabei zu folgenden Ergebnissen:

a) Bezieht man das Volkseinkommen in den 48 Staaten nicht auf die Gesamtbevölkerung, sondern nur auf die Bevölkerung über 14 Jahre (20 Jahre), so vermindert sich der Mittelwert der quadrierten Abweichungen um 11,7 vH (16,7 vH) für das Jahr 1930 und 15,1 vH (21,7 vH) für 1950[40].

b) Da das Durchschnittseinkommen der Industriearbeiter in den einzelnen Staaten u. a. deshalb voneinander abweichen kann, weil die Löhne für gleichartige Tätigkeiten regional verschieden sind und weil die Industriestruktur Unterschiede aufweist, ermittelt Hanna die theoretischen Durchschnittseinkommen unter der Annahme, daß die Löhne überall gleich dem Bundesdurchschnitt sind und die Industriestruktur in allen Staaten gleich ist. Die interregionalen Unterschiede sind dann 76 vH kleiner als die tatsächlichen. In Übereinstimmung mit Borts[41] werden davon 25 vH dem unabhängigen Einfluß der Variation der Industrie-

---

[39] Frank A. *Hanna*, Regional Income, a.a.O., S. 113 ff. Vgl. auch Frank A. Hanna, Age, Labor Force, and State Per Capita Incomes, 1930, 1940, and 1950. Review of Economics and Statistics, February 1955, S. 63—69.
[40] Vgl. Table 9 bei *Hanna*, Regional Income, a.a.O., S. 149.
[41] George H. *Borts*, Regional Income, a.a.O., S. 185.

struktur und 51 vH dem gemeinsamen Einfluß der gleichzeitigen Variation der Lohnsätze und der Industriestruktur zugeschrieben[42]. Die „unerklärten" 24 vH „is attributable to the portion of the forces giving rise to dispersion of earnings within each industry that is not associated with state earnings rates. One of these factors apparently is differential occupational composition, which accounted for 80 per cent of the interstate differences in wage and salary earnings". Deshalb werden 4 vH (80 vH minus 76 vH) von den 24 vH den Unterschieden in der qualitativen Struktur des Arbeitskräftebedarfs der einzelnen Industrien zugerechnet[43].

c) Edward F. Dennison dagegen gelangt zu dem Ergebnis, daß mindestens zwei Drittel der regionalen Unterschiede in den Durchschnittseinkommen der in der Industrie beschäftigten Arbeitskräfte auf räumlichen Abweichungen in den Lohnsätzen für gleichartige Tätigkeiten (earnings in the same occupation) beruhen und höchstens ein Drittel auf Unterschiede in der Beschäftigungsstruktur zurückgeführt werden kann[44]. Auch Robert M. Williams ist aufgrund eigener Überlegungen und Berechnungen der Meinung, daß der Einfluß der Beschäftigungsstruktur weit weniger als 80 vH der regionalen Unterschiede „erklärt" und daß dem räumlichen Faktor eine größere Bedeutung zukommt, als Hanna glaubt[45].

24. Wenn es auch angebracht sein mag, die Zuverlässigkeit mancher statistischen Angaben und mancher ergänzenden Schätzungen in Zweifel zu ziehen, Vorbehalte gegen die Anwendung der einen oder anderen statistischen Methode anzumelden oder Bedenken gegen manche Interpretation der Ergebnisse zu erheben, so kann doch wohl schon aus diesem lückenhaften Vergleich der Hypothesen mit den Fakten geschlossen werden, daß die wirtschaftliche Wirklichkeit auch in der räumlichen Einkommensverteilung gewisse Gesetzmäßigkeiten erkennen läßt. Ihnen weiter nachzuspüren, auch dort, wo sich dem bloßen Auge zunächst nur eine verwirrende Vielfalt darbietet, ist eine erregende Aufgabe. Ihr wird sich die Wissenschaft in der Zeit der Integration der Nationalwirtschaften stärker widmen müssen als bisher — nicht zuletzt auch in dem Lande, in dem Johann Heinrich von Thünen den Keim gelegt hat für die Entwicklung einer räumlichen Wirtschaftstheorie.

---

[42] *Hanna*, a.a.O., S. 151, Fußnote 62.
[43] *Hanna*, a.a.O., S. 151, Fußnote 63.
[44] Edward F. *Dennison* in: Regional Income, a.a.O., S. 171.
[45] Robert M. *Williams* in: Regional Income, a.a.O., S. 184. Williams betont im übrigen, daß man in den USA die regionalen Einkommensunterschiede nicht vollständig erklären kann, ohne die Diskriminierung der farbigen Bevölkerung in den Südstaaten zu berücksichtigen.

Referat Prof. Dr. Herbert Giersch (Saarbrücken) 115

Anhang

Einige statistische Angaben über das Einkommensgefälle im Deutschen Reich im Jahre 1925*

I.

Geographische Darstellung der untersuchten Gefällstrecken*

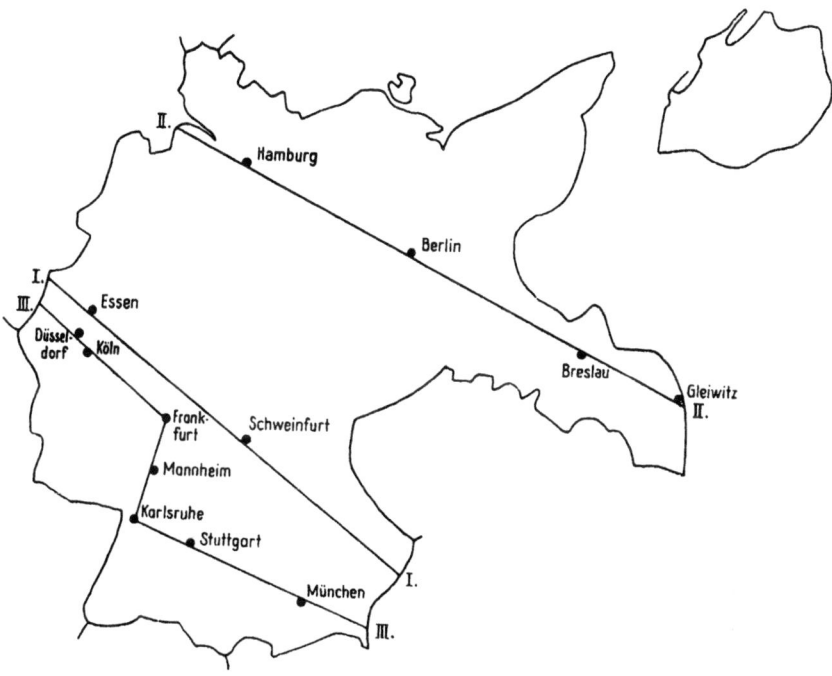

---

* Errechnet nach: Die Steuerkraft der Finanzamtsbezirke. Einzelschriften zur Statistik des Deutschen Reichs Nr. 7. Berlin 1929.

II.
Nordwest/Südost-Gefälle
auf der Strecke I
Soll-Steueraufkommen im Jahre 1925 in RM/je Einw.
aus der Besteuerung der
im Finanzamtbezirk:

	Einkommen[a]	Vermögen[b]
1. Cleve	34,0	5,2
2. Moers	38,5	4,7
3. Hamborn	46,9	9,7
4. Oberhausen	48,1	8,0
5 a. Essen, Land	37,5	2,4
6. Essen, Stadt	78,1	10,6
5 b. Essen, Land	37,5	2,4
7. Hattingen	37,0	2,1
8. Schwelm	60,4	5,7
9. Hagen	63,1	6,5
10. Lüdenscheid	49,3	5,8
11. Olpe	23,6	2,1
12. Siegen	31,4	5,1
13. Biedenkopf	16,7	1,0
14. Marburg a. L.	33,4	3,7
15. Homberg	16,2	2,5
16. Schotten	12,5	0,6
17. Lauterbach	23,6	3,7
18. Fulda	28,6	3,0
19. Schlüchtern	19,2	1,3
20. Brückenau	12,2	2,0
21. Kissingen	30,0	5,5
22. Münnerstadt	11,9	0,9
23. Schweinfurt	70,1	8,0
24. Zeil	13,2	1,0
25 a. Bamberg, Land	18,9	1,5
26. Bamberg, Stadt	73,0	5,7
25 b. Bamberg, Land	18,9	1,5
27. Ebermannstadt	9,1	0,8
28. Pottenstein	5,0	0,8
29. Pegnitz	14,0	1,2
30. Auerbach	10,2	0,9
31. Sulzbach	30,2	6,7
32. Amberg	24,3	2,0
33. Nabburg	8,0	1,3
34. Neunburg v. Wald.	7,0	0,9
35. Walderbach	6,5	0,6
36. Cham	10,5	1,6
37. Mitterfels	5,8	0,8
38. Viechtach	11,1	1,9
39. Zwiesel	19,4	2,5
40. Schönberg	10,0	1,3
41. Freyung	8,8	1,7
42. Obernzell	8,4	1,4

[a] Soll-Aufkommen aus Lohn-, Einkommen- und Körperschaftsteuer.
[b] Soll-Aufkommen aus Vermögensteuer.

Referat Prof. Dr. Herbert Giersch (Saarbrücken)

III.
Nordwest/Südost-Gefälle
auf der Strecke II

Steuerpflichtiges Durchschnittseinkommen[a)]
in RM/je Einw. im Jahre 1925

im Finanzamtbezirk:

1. Stade	....	355,5
2. Itzehoe	....	292,7
3. Elmshorn	....	452,8
4. Hamburg	....	843,1
5. Wandsbek	....	612,6
6. Ratzeburg	....	412,6
7. Lüneburg	....	337,0
8. Ludwigslust	......	272,2
9. Perleberg	....	440,4
10. Kyritz	....	288,5
11. Neuruppin	....	367,8
12. Rathenow	....	393,7
13. Nauen	....	432,1
14. Berlin	....	885,3
15. Beeskow	....	324,7
16. Lübben	....	226,7
17. Guben	....	394,4

im Finanzamtbezirk:

18. Sorau	....	325,6
19. Sagan	....	315,3
20. Sprottau	....	275,0
21. Lüben	....	269,7
22. Steinau a. O.	......	267,8
23. Wohlau	....	217,3
24. Neumarkt	....	232,6
25a. Breslau, Land	......	256,4
26. Breslau, Stadt	....	574,5
25b. Breslau, Land	......	256,4
27. Ohlau	....	245,1
28. Brieg	....	311,4
29. Oppeln	....	209,9
30. Groß-Strehlitz	....	139,9
31. Gleiwitz	....	293,4
32. Beuthen	....	282,8

[a)] Anmerkungen zur Berechnungsmethode.

1. Die Werte für die Pro-Kopf-Einkommen wurden auf Grund der Einkommensstatistik der Finanzverwaltungen errechnet. Daher sind diejenigen Einkommen nicht in sie eingegangen, die unterhalb der Steuerfreigrenze liegen.
2. Die Lohneinkommen wurden auf die Weise eingeschlossen, daß aus dem Lohnsteueraufkommen der Finanzamtsbezirke pro Kopf der Bevölkerung mit Hilfe des seinerzeit gültigen proportionalen Satzes von 10 % auf das Lohneinkommen geschlossen wurde. Da auch nach der Einführung der Progression am 1. August 1925 für Einkommen bis zu 8000 RM der proportionale Satz von 10 % galt, entstehen hierdurch keine Verzerrungen; denn 8000 RM waren damals auch die Untergrenze für zu veranlagende Einkommen.

IV.
Nordwest/Südost-Gefälle
auf der Verbindungslinie der L-Orte
Düsseldorf — Frankfurt — Stuttgart — München
Soll-Steueraufkommen im Jahre 1925 in RM/je Einw.
aus der Besteuerung der

im Finanzamtbezirk:

	Einkommen[a)]	Vermögen[b)]
1. Geldern	20,8	4,5
2. Kempen	37,5	4,7
3. Krefeld	78,6	8,9
4. Neuß	53,9	7,9
5. Düsseldorf, Stadt	102,4	13,3
6. Düsseldorf, Land	55,1	5,9

Probleme der regionalen Einkommensverteilung

7.	Opladen	58,9	3,5
8.	Köln, Stadt	89,1	11,4
9.	Siegburg	29,5	2,9
10.	Altenkirchen	24,5	2,7
11.	Hachenburg	15,9	1,7
12.	Westerburg	12,8	0,6
13.	Limburg a. L.	24,1	1,8
14.	Bad Homburg v. d. H.	47,9	5,4
15.	Frankfurt a. M., Stadt	167,9	27,5
16.	Offenbach, Land	42,3	2,1
17.	Langen	38,0	2,0
18a.	Darmstadt, Land	30,3	1,5
19.	Darmstadt, Stadt	95,1	11,5
18b.	Darmstadt, Land	30,3	1,5
20.	Zwingenberg	30,6	3,6
21.	Heppenheim	23,0	0,9
22.	Mannheim, Stadt	102,0	12,3
23.	Schwetzingen	29,9	1,7
24.	Bruchsal	20,5	2,8
25.	Karlsruhe, Land	23,3	0,5
26.	Karlsruhe, Stadt	95,6	8,5
27.	Durlach	39,6	3,3
28a.	Pforzheim, Land	18,0	0,8
29.	Pforzheim, Stadt	76,2	87,9
28b.	Pforzheim, Land	18,0	0,8
30.	Leonberg	37,5	1,8
31.	Stuttgart, Stadt	142,0	15,0
32.	Eßlingen	70,2	4,1
33.	Göppingen	68,4	8,2
34.	Geislingen	53,3	6,1
35.	Ulm	60,2	8,0
36.	Günzburg	24,2	2,6
37.	Zusmarshausen	14,3	3,2
38.	Augsburg, Land	45,0	4,8
39.	Augsburg, Stadt	86,0	8,5
40.	Friedberg	15,8	4,0
41a.	München, Land	48,8	6,7
42.	München, Stadt	96,9	11,8
41b.	München, Land	48,8	6,7
43.	Ebersberg	17,9	3,6
44.	Wasserburg	14,1	3,5
45.	Rosenheim	29,1	3,9
46.	Trostberg	20,2	5,4
47.	Traunstein	27,0	4,6
48.	Berchtesgaden	39,3	7,8

a) Soll-Aufkommen aus Lohn-, Einkommen- und Körperschaftsteuer.
b) Soll-Aufkommen aus Vermögensteuer.

Prof. Dr. Hans Möller (Frankfurt)

Generaldiskussion

Vorsitzender Professor Dr. Jürg *Niehans* (Zürich):

Ich glaube dieses Referat als eine Fundgrube von Anregungen bezeichnen zu dürfen, die in der folgenden Diskussion weiter ausgebeutet werden kann. Herr Möller und Herr Niehaus hatten die Freundlichkeit, sich auf die Diskussion vorzubereiten. Ich darf Ihnen, Herr Möller, gleich das Wort erteilen.

Professor Dr. Hans *Möller* (Frankfurt):

Herr Giersch hat uns wahrlich einen umfassenden Überblick über die Probleme der regionalen Einkommensverteilung gegeben, und ich glaube, wir müssen ihm alle dafür dankbar sein. Ich befürchte, daß unsere Diskussion heute nur einen ganz kleinen Teil seiner Anregungen wird aufnehmen können. Ich darf vielleicht aus einer gewissen Kenntnis der Standort- und Außenhandelstheorie vorwegschicken, daß ich den Versuch, das Thünen-Christaller-Lösch-Schema empirisch zu testen, als besonders wertvoll empfinde.

Ich möchte im meinem eigenen Beitrag nun — vielleicht entgegen Ihren Erwartungen — nicht zu einzelnen Punkten des Giersch'schen Referats Stellung nehmen, und ich verzichte auch auf die Herausarbeitung neuer Gesichtspunkte. Angesichts der geradezu erdrückenden Fülle von ohnehin schon berührten Aspekten scheint es mir vielmehr zweckmäßig zu sein, zu versuchen, diese verschiedenen Aspekte mit Hilfe eines kleinen Kunstgriffes grob zu klassifizieren — zu vereinfachen, wenn Sie so wollen — und, teilweise jedenfalls, auf wohlbekannte und häufig erörterte Fragestellungen zurückzuführen.

Herr Giersch hat selbst darauf hingewiesen, daß die Probleme der regionalen Einkommensverteilung sicherlich nicht zu den Standardthemen unserer Lehrbücher, Vorlesungen und der Monographien in unserer Wissenschaft gehören. Ich glaube, daß das nun nicht nur damit zusammenhängt, daß wir noch immer nicht — trotz vieler Fortschritte, die wir vielleicht erzielt haben — zu einer wirklich raumwirtschaftlichen Analyse vorgestoßen sind, und ich glaube auch nicht, daß dafür nur verantwortlich ist, daß wir — wie Herr Giersch mit Recht sagt und wie sich ja auch bei unserer Herbsttagung in Köln gezeigt hat — die Probleme der Einkommensverteilung überhaupt — nicht nur der sektoralen — im Laufe der letzten Jahrzehnte vielleicht etwas vernachlässigt haben. Ich glaube, daß die Tatsache, daß wir das Problem der regionalen Einkommensverteilung als solches unter diesem Namen in unseren Lehrbüchern und Monographien nicht finden, darauf zurückzuführen ist, daß der Begriff der regionalen Einkommensverteilung als solcher schon sehr vielschichtig, ja vieldeutig ist, und daß, je nachdem, wie man ihn interpretiert, sich sehr verschiedenartige Fragestellungen ergeben, die zwar miteinander zusammenhängen, die aber doch verdienen, auseinandergehalten zu werden, und zwar auch unter methodischen Gesichtspunkten, ist es doch bei vielen Fragen notwendig, mit den Mitteln der totalen Analyse vorzugehen, während man sich bei anderen Problemen auf die partielle Analyse beschränken kann; m. E. hat Herr Giersch bei der Erörterung mancher Zusammenhänge die totale Analyse zu kurz kommen lassen.

Ich möchte Ihnen nun ganz kurz meinen eigenen Versuch, die Probleme der regionalen Einkommensverteilung zu klassifizieren, vortragen, und ich knüpfe dabei an die verschiedenen Bedeutungen, die wir dem Begriff Einkommen in unserer Wirtschaftsanalyse überhaupt zumessen, an. Wir sprechen von Einkommen im Sinne von Volkseinkommen gleich Sozialprodukt, oder noch genauer im Rahmen der volkswirtschaftlichen Gesamtrechnung, von volkswirtschaftlicher Wertschöpfung. Wir sprechen von Einkommen, meine Damen und Herren, im Sinne von Faktoreinkommen oder genauer, Preisen der Produktionsfaktoren; und wir sprechen von Einkommen im Sinne der personellen Einkommen der Wirtschaftseinheiten. Und ich glaube, daß in Anknüpfung an diese drei doch recht verschiedenartigen Bedeutungen des Begriffes Einkommen sich verschiedene Fragestellungen entwickeln lassen und daß man die Ausführungen von Herrn Giersch dann klassifizieren kann und je nachdem der einen oder anderen Fragestellung zuweisen kann, was für die weitere Forschung vielleicht nützlich sein würde.

Setzt man Einkommen gleich Sozialprodukt, nun, meine Damen und Herren, darüber brauche ich nicht viel zu sagen: dann läuft die Frage nach der regionalen Einkommensverteilung hinaus auf die Verteilung des Weltsozialproduktes zwischen den Staaten oder auf die Verteilung des Sozialproduktes eines Landes zwischen den verschiedenen Provinzen und Distrikten, wie diese auch immer abgegrenzt sein mögen, wobei wir unter Sozialprodukt eben die volkswirtschaftliche Wertschöpfung verstehen. Beide Größen werden neuerdings statistisch erfaßt, und ich brauche auf die Zahlen hier nicht einzugehen. Wir wissen auch, daß die Differenzen in der Verteilung des Sozialproduktes, also der Wertschöpfung, weitgehend zurückzuführen sind auf Unterschiede in der langfristigen wirtschaftlichen Entwicklung, und daß wir dabei die Bevölkerung nach Zahl, Struktur und Fähigkeiten, die natürlichen historischen Gegebenheiten und vor allem wohl auch die Einstellung der Menschen zur Technik berücksichtigen müssen. Das gesamte Wirtschaftspotential eines Gebietes mit seiner Bevölkerung ist ein Tatbestand, für dessen Untersuchung meines Erachtens modelltheoretische Analysen zwar nicht nutzlos sind, aber verhältnismäßig wenig beitragen können. Je kleiner und einheitlicher dagegen das Gebiet wird, für das wir die regionale Verteilung der Erzeugung des Sozialproduktes untersuchen wollen, um so mehr läuft die Fragestellung auf das traditionelle Hauptproblem der Standorttheorie überhaupt hinaus. In einem einzelnen Land können wir eben viele außerökonomische Faktoren, die die regionale Produktionsverteilung beeinflussen, als einigermaßen gleichartig unterstellen. Dieser Ausgangspunkt, Einkommen gleich Sozialprodukt, ist wichtig etwa für die Erklärung der Unterschiede zwischen dem Prokopfeinkommen Hamburgs und Schleswig-Holsteins; hier handelt es sich bei der üblichen Fragestellung nicht um personelle Einkommen, hier handelt es sich um Wertschöpfung als solche.

Ich komme nun zu der zweiten Interpretationsmöglichkeit des Begriffes der regionalen Einkommensverteilung, für Einkommen im Sinne von Faktoreinkommen gleich Faktorpreisen. Und hier haben wir im Grunde genommen ja schon eine ziemlich reichhaltige theoretische Literatur. Wir haben einmal die mehr güterwirtschaftliche Fragestellung nach den Faktorpreisrelationen und andererseits eine mehr monetäre Untersuchung der Geldpreise für Leistungen der Produktionsfaktoren. Die Giersch'schen Ausführungen bezogen sich, wenn ich recht sehe, mal auf das eine, mal auf das andere. Beide Fragen, sowohl die Frage nach den Faktorpreisrelationen als auch die Frage nach den Geldpreisen für Produktionsfaktoren, Güter und Dienste müssen natürlich beantwortet werden, wenn man das Standortproblem lösen will, wenn man also die Produktionsverteilung untersuchen will.

Die Unterschiede in den Faktorpreisrelationen innerhalb eines Wirtschaftsraumes sind von Bedeutung sowohl für die Zusammensetzung und Technik der Produktion an verschiedenen Orten als auch — wie dann später sich noch zeigen wird — für die personelle Einkommensverteilung. Ich will auf dieses Problem nicht näher eingehen, hier sind die Forschungen von Lerner und Samuelson zu zitieren, die Herr Giersch ja mehrfach erwähnt hat, ebenso aber auch die früheren Untersuchungen von Ohlin und Heckscher und schließlich die Veröffentlichung von Stolper und Samuelson über die Wirkungen von Handelshemmnissen auf die Faktorpreisrelationen in einem Land. Diese Überlegungen — und da stimme ich Herrn Giersch voll und ganz zu — zeigen, wo wir ansetzen müssen, um relevante Ursachen für Differenzen in den Faktorpreisrelationen erklären zu können.

Bei der monetären Fragestellung — also bei der Fragestellung nach den Geldpreisen für die Produktionsfaktoren — kommt das Nominalpreisniveau und damit die Geldversorgung in den verschiedenen Gebieten mit ins Spiel. Obwohl in bezug auf Geldpreise und Geldeinkommen der Produktionsfaktoren ebenfalls starke Tendenzen zu einer regionalen Vereinheitlichung wirken, läßt sich theoretisch und empirisch zeigen, daß gewisse Differenzen in den Nominallohnsätzen möglich sind, und diese bilden — wenn ich recht sehe — den Hauptgegenstand des zweiten Teils der Giersch'schen Untersuchung. Und diese Differenzen in den Nominalpreisen für die Produktionsfaktoren sind denkbar, selbst wenn die Faktorpreisrelationen überall gleich wären. Dies würde dann aber bedingen — und darauf hat Herr Giersch auch schon hingewiesen — daß die Fertigwarenpreise entsprechend den Nominalpreisen für die Produktionsfaktoren differieren, denn andernfalls würden die Träger von Produktionsfaktoren, wenn sie nur frei von Geldillusion handeln, zu den Orten höherer Nominal- und damit auch Realeinkommen wandern und eine Angleichung auch der nominellen Faktorpreise erzwingen. Für das interregionale Gleichgewicht genügt es also, daß sich die Realeinkommen soweit angleichen, daß Wanderungen nicht mehr ausgelöst werden.

Nun, vielleicht noch — um hier nicht zu viel Zeit in Anspruch zu nehmen — einige Bemerkungen zur letzten Interpretation: Einkommen im Sinne der personellen Einkommen; regionale Einkommensverteilung also im Sinne der regionalen Differenzierung der durchschnittlichen personellen Einkommen in verschiedenen Gebieten. Worauf es hier ankommt, sind die personellen Einkommen zum Unterschied zu den funktionalen Einkommen, also den Faktorpreisen. Es scheint mir klar zu sein, daß man die personellen Einkommen nicht erklären kann, wenn man nicht vorher die Faktorpreise erklärt hat.

Nun, für einen Vergleich zwischen mehreren Ländern läuft die Frage nach der durchschnittlichen Höhe der personellen Einkommen in der Regel auf eine Division des Sozialproduktes durch die Zahl der Bevölkerung, evtl. umgerechnet auf Vollpersonen hinaus. Ich sage in der Regel, weil bei genauer Betrachtung der Unterschied zwischen Inlands- und Inländerprodukt eine Rolle spielen kann, wie wir am Beispiel Hamburg und Schleswig-Holstein schon gesehen haben. Beim Übergang von der funktionalen zur personellen Einkommensverteilung muß man eben — und das bildet die eigentliche Problematik — den Standort der Einkommensbezieher berücksichtigen und beachten, daß dieser nicht notwendigerweise mit dem Ort zusammenzufallen braucht, an dem die funktionalen Einkommen anfallen. Das Beispiel von der Vermögenskonzentration in Liechtenstein zeigt das ebenfalls ganz deutlich. Selbstverständlich arbeiten diese Vermögen nicht alle in Liechtenstein, dort wird höchstens das Einkommen daraus konsumiert.

Dieser Sachverhalt also bildet die eigentliche und — wie mir scheint — schwierigste Problematik, wenn man die regionale Streuung der personellen Einkommen innerhalb eines Landes analysieren will. Es handelt sich, wenn ich auf die Stackelberg'sche Terminologie zurückgreifen darf, um die Aufhellung der Beziehungen zwischen funktionaler und personeller Einkommensverteilung, nunmehr jedoch abgestellt auf die Standorte der Einkommensbezieher. Die personellen Einkommen ergeben sich in der herkömmlichen Betrachtung bei theoretisch erklärten Faktorpreisen einerseits aus der Verteilung des Eigentums und Besitzes sowie auch des Arbeitsvermögens auf die verschiedenen Haushaltungen und andererseits aus dem Vorgang, den man im weitesten Sinne des Wortes als staatliche Redistribution der Einkommen bezeichnen kann. Dabei muß man — und das darf ich für diejenigen, die sich für die theoretischen Zusammenhänge besonders interessieren, hinzufügen — natürlich berücksichtigen, daß die Transformation von der funktionalen in die personelle Einkommensverteilung selbstverständlich auf die Bildung der funktionalen Einkommen zurückwirkt, denn diese Transformation von der funktionalen in die personelle Einkommensverteilung beeinflußt die Nachfragestruktur einerseits und das Arbeitsangebot andererseits, wenn ich das so auf eine grobe Formel bringen darf.

Trotzdem, glaube ich, müssen wir diese Zusammenhänge isolieren, wenn wir sie untersuchen wollen, weil wir sonst Gefahr laufen, zuviel Faktoren auf einmal in unsere Betrachtung einzubeziehen. Bei einer raumwirtschaftlichen Analyse muß man also nicht nur wie in der punktwirtschaftlichen Analyse die Verteilung des Sach-, Geld- und auch des Arbeitsvermögens auf die Haushaltungen schlechthin kennen, sondern auch den Einsatzort der Vermögensbestandteile und zusätzlich den Standort der Haushaltungen berücksichtigen. Und das ist eben die besondere Komplikation.

Beim Arbeitsvermögen kann man zwar davon ausgehen, daß sein Standort mit dem Standort der Haushaltungen weitgehend übereinstimmt, aber wir haben gerade auch wieder an den Beispielen, die Herr Giersch uns gebracht hat, gesehen, daß bei der Abgrenzung der Regionen häufig gerade die regionalen Grenzen zwischen den Arbeitsort und Wohnort der Konsumenten fallen und dann natürlich eine Differenzierung eintritt. Bei den anderen Produktionsfaktoren ist dieser Zusammenhang jedoch sehr viel lockerer. Daß auch bei der raumwirtschaftlichen Betrachtung berücksichtigt werden muß, wie die Transformation der funktionalen in die personelle Einkommensverteilung die regionale Angebots- und Nachfragestruktur beeinflußt, und damit also auf die funktionalen Einkommen an den verschiedenen Orten zurückwirkt, ist selbstverständlich und wurde schon erwähnt.

Aber es ergibt sich hier noch ein weiteres Problem, nämlich die Frage, auf die ich nur teilweise eine Antwort weiß: Werden die Wanderungen der Produktionsfaktoren von den absoluten und relativen Faktorpreisen oder von den personellen Einkommen bestimmt? Für die Haushaltungen, die im wesentlichen Arbeit anbieten, glaube ich sagen zu sollen, daß die Wanderungen wohl in erster Linie von den personellen Einkommen bestimmt werden, und das wirft ja gerade das gegenwärtig so interessante und schon mehrfach diskutierte Problem auf, ob die Freizügigkeit für die menschliche Arbeitskraft vom ökonomischen Standpunk immer vorteilhaft ist. Könnte es sich doch herausstellen, daß die Arbeiter dann in ein Gebiet wandern, in dem die staatliche Redistribution der Einkommen zwar hohe personelle Einkommen hervorruft, während die Faktorpreise — also die echte Produktivität der Arbeit — in diesen Gebieten gar nicht höher zu sein braucht als in den Abwanderungsgebieten.

Meine Damen und Herren! Herr Giersch hat einmal in seinem Referat so eingeflochten, daß wir nach der regionalen Einkommensverteilung aus sozialen und sozialpolitischen Erwägungen fragen. Ich glaube, ich sollte hervorheben, daß das nur ein Teilaspekt ist. Wir fragen nach der regionalen Einkommensverteilung aus vielerlei Gründen, die zum Teil hier auch angeklungen sind; aber wenn man sich sozialpolitisch für diese Dinge interessiert, nun, dann kommt es nicht auf die personellen Nominaleinkommen, sondern auf die personellen Realeinkommen an. Und wir wissen alle, und Herr Giersch hat eingangs darauf hingewiesen — aber in seinen späteren Ausführungen diesen Gesichtspunkt nicht weiter berücksichtigt —, daß die Rückrechnung von den nominellen auf die realen Einkommen recht fragwürdig wird, je größer die Unterschiede in den Preisrelationen der Konsumgüter an verschiedenen Orten sind und je stärker die konsumierten Warenkörbe an den verschiedenen Orten von einander abweichen. Ich darf hier vielleicht, obwohl Herr Giersch schon eine so umfassende Literaturübersicht gegeben hat, eine kleine Ergänzung anbringen. Die Möglichkeiten und Grenzen des Vergleichs regionaler Realeinkommen haben sich in den letzten Jahren beinahe zu einer eigenen Kunstlehre entwickelt, und es muß hier wohl auf die außerordentlich verdienstvollen und aufschlußreichen Untersuchungen sowohl der OEEC als auch der Montanunion hingewiesen werden. Trotz der Verfeinerungen in der Methodik bleiben die Grenzen des Realeinkommensvergleichs m. E. noch gewichtig genug, selbst wenn man darauf verzichtet, etwa das psychische Einkommen beurteilen zu wollen, das man ja überhaupt nicht sinnvoll statistisch definieren kann.

Vorsitzender Professor Dr. Jürg *Niehans* (Zürich):

Ich danke Herrn Möller für sein — ich kann wohl sagen — Korreferat und bin nun fast versucht, dem Auditorium eine Preisfrage vorzulegen, die etwa so lauten müßte: „Was in der Welt kann genannt werden, das auf die regionale Einkommensverteilung keinen Einfluß hat?" Der Preis dürfte recht hoch angesetzt sein. Mit dieser Zwischenbemerkung möchte ich Herrn Niehaus das Wort erteilen.

Professor Dr. Heinrich *Niehaus* (Bonn):

Ich möchte einige Bemerkungen machen zu der Problematik des landwirtschaftlichen Einkommens im Rahmen der Gesamtverteilung. Herr Giersch hat an einigen Stellen auf dieses Problem hingewiesen, und es ergibt sich gleichzeitig die Möglichkeit, hier wieder anzuknüpfen an unser Generalthema, nämlich die Thünensche Konzeption. Herr Giersch hat gesagt, daß Thünen zu dem Problem, das wir heute behandelt haben, wenig beigetragen hat. Aber ich glaube, man kann gerade in Anknüpfung an das, was er nicht gesagt hat, einen guten Ausgangspunkt finden für unsere weitere Diskussion. Thünen hat in seinem Modell des Isolierten Staates keinerlei Bezug genommen auf die Besitzverteilung des Grund und Bodens. Nun wissen wir aber doch, daß gerade in der Landwirtschaft die Besitzverteilung außerordentlich wichtig ist und daß die Betriebsgrößenverteilung, die zwar nicht mit der Besitzverteilung identisch ist, aber doch einigermaßen parallel geht, von außerordentlich starkem Einfluß ist auf das Einkommen der Landwirtschaft. Und das ist ja gerade das aktuelle Problem, das uns alle heute sehr stark beschäftigt. Tschajanow hat in seinem Buch über die optimale Betriebsgröße an Thünen angeknüpft und versucht, die unter russischen Verhältnissen optimalen Betriebsgrößen der Fruchtwechselwirtschaft, der Dreifelderwirtschaft und der extensiven Umlagewirtschaft zu finden. Und er kam zu 250 ha bei der Fruchtwechselwirtschaft, zu 500 ha bei der Dreifelderwirtschaft und zu 1800 ha bei dem extensivsten System. Je extensiver das Wirtschaftssystem ist, desto größer muß im allgemeinen die Betriebsgröße sein. Wenn wir nun die Wirklichkeit einmal daraufhin untersuchen, dann finden wir in sehr vielen Fällen in abgelegenen Zonen die kleinsten Betriebe und auf den guten Lößböden der industrienahen Zonen Betriebe, die wir als einigermaßen optimal bezeichnen können.

Der zweite Punkt, an den wir anknüpfen können, ist der gleiche Lohn, der gleiche Reallohn im Isolierten Staat. Der gleiche Reallohn trifft in Wirklichkeit nicht zu; Thünen gibt die Gründe dafür besonders im II. Teil seines Werkes an. Das Besitzeinkommen ist auch im

Isolierten Staat verschieden, weil es ja an der Grenze keine Grundrentenbezieher gibt, in der Nähe der Stadt aber die Grundrente als Besitzeinkommen in stärkerem Maße anfällt. Die personelle Einkommensverteilung wird natürlich modifiziert durch den Tatbestand, ob — wie es vielfach in unseren Breiten ist — der Bezieher von Grundrente auf dem Lande wohnt oder in der Stadt, wie es in Italien in starkem Maße der Fall ist. Dort häufen sich also die Besitzeinkommen, die als Faktoreinkommen in der Landwirtschaft verdient werden, in den Städten als Grundrenten an. Was Thünen weiter nicht berücksichtigt, was uns aber die sehr starken Differenzen der Einkommensbildung erklären hilft, ist die ungleiche Ausbildung der Menschen. Die Investition in den Menschen erkennen wir als immer wichtiger; wir wissen, daß nur, wenn die Menschen in entsprechender Weise ausgebildet werden, sie in der Lage sind, ihre wirklichen Interessen zu verfolgen. Man muß ihnen Alternativen für eine richtige Berufswahl geben, und am Fehlen dieser Alternativen liegt es oft, wenn nun das weitere Moment wirksam wird, nämlich der Mangel an Mobilität.

Die moderne Betrachtung der ländlichen Einkommensverhältnisse legt immer größeres Gewicht auf dieses Moment der Mobilität, und zwar aus folgendem Grunde: Je mehr in den hochentwickelten Industriestaaten der technische Fortschritt in der Landwirtschaft dazu führt, daß man mit immer geringerem Bestand an Menschen die erforderliche Nahrungsmittelproduktion erstellen kann, desto mehr ergibt sich die Notwendigkeit der Abwanderung von Menschen aus der Agrarwirtschaft in andere Erwerbszweige. Das würde noch viel mehr der Fall sein, wenn die Landwirtschaft nicht einen gewissen Schutz dadurch genösse, daß in ihr das Gesetz des abnehmenden Ertragszuwachses noch einigermaßen in Geltung ist. Es wird oft in der ökonomischen Betrachtung gesagt, das Gesetz vom abnehmenden Ertragszuwachs sei ein Handicap für die Landwirtschaft. Ich möchte das Gegenteil sagen, es besteht eine Art von prästabilierter Harmonie zwischen dem Gesetz vom abnehmenden Bodenertrag und der abnehmenden Elastizität der Nachfrage nach Agrarerzeugnissen in hochentwickelten Industriestaaten. Aber wir kommen nicht darum herum, daß immer mehr Menschen aus der Landwirtschaft hinüberwechseln müssen in andere Berufszweige, und daß diese Abwanderung auf die stärksten Hemmungen stößt. Eine solche hemmende Kraft ist die Eigentumsordnung, die ja viel unbeweglicher ist als etwa ein Pachtsystem. Die Bodenständigkeit ist nichts Mystisches, sondern die Existenz von Affekten und ständigen Gesinnungen, die man gegenüber Dingen, wie dem Hof, oder Menschen, wie den Nachbarn, oder anderen Werten, wie Heimat usw., erwirbt. Das ist bei den Bauern ganz besonders ausgeprägt. Man kann diese „psychic attractions" sogar in

Geld bewerten, wenn man die Verhaltensweise der Bevölkerung einigermaßen kennt. So weist Bellerby, Oxford, darauf hin, daß eine Differenz von 20 % im Realeinkommen zwischen landwirtschaftlicher und industrieller Arbeit durchaus hingenommen wird und keinerlei Wanderungsbewegungen hervorruft. Und mir haben Landwirte aus dem Ruhrgebiet gesagt: „Wenn wir in der Lage sind, 80 % des Industrielohnes im Ruhrgebiet zu geben, haben wir Arbeitskräfte genug." Die moderne Maschine befreit die ländlichen Arbeitskräfte von den schweren und schmutzigen Arbeiten. Wenn dann der Betrieb dazu übergeht, eine vernünftige Arbeitszeit und eine gute Unterbringung der Arbeiter zu organisieren, dann ist oft die Arbeit in der frischen Luft und mit dem weniger strengen Anspruch an das Arbeitstempo der Arbeit am Fließband oder der Arbeit in der chemischen Fabrik, wo man mit giftigen Stoffen umgeht, oder im Bergbau unter Tage durchaus vorzuziehen.

Ich möchte nun noch zu ein paar Punkten des Referates von Herrn Giersch Stellung nehmen, die die regionale Einkommensverteilung betreffen. Es scheint bei wirtschaftshistorischer Betrachtung, daß die ökonomische Entwicklung, das ökonomische Wachstum diskontinuierlich ist, einmal hier dann dort auftritt, aber in der Regel primär in industriell-städtischen Zentren. Es ist gerade die besondere Eigenart der abendländischen Entwicklung gewesen, daß es gelungen ist, durch die Industrialisierung eine neue ökonomische Dimension zu erreichen und aus der hoffnungslosen Sackgasse des reinen Agrarstaates herauszukommen. Der reine Agrarstaat führt zu einer ganz anderen Differenzierung der Einkommen, nämlich zu einer sehr großen armen Masse und einer kleinen reichen Oberschicht mit hohen Besitzeinkommen. Denn die Pachten und Abgaben der breiten Landbevölkerung summieren sich, obwohl sie klein sind, bei einer dünnen Oberschicht zu ungeheuren Reichtümern. Eine solche Entwicklung ist reif für einen revolutionären Umsturz. Die rechtzeitige Industrialisierung hat unsere abendländische Gesellschaftsordnung und Kultur auf den Weg der Evolution gebracht.

Nun scheint sich aber in der industriellen Wirtschaft ein besonderes Wachstumsgesetz zu offenbaren, nämlich, um es ganz kurz auszudrücken: Wer hat, dem wird gegeben, und wer nichts hat, dem wird auch das noch genommen, was er hat. Das ist stark übertrieben, ihm wird zwar nichts genommen, aber er steigt nicht mit auf. Die industriellen Zentren haben mit ihren automatischen Wachstumstendenzen, Agglomerationstendenzen, mit ihren Fühlungsvorteilen und mit ihren großen Unternehmungen eine „historische Priorität" in der Produktion von Einkommen. Und es scheint so, daß diese historische Priorität, wenn sie einmal da ist, nur schwer wieder aus der Welt geschafft werden kann. Wir messen oft die Entwicklung der Einkommen in Prozentzahlen. Es ist aber eine nicht wegzuleugnende Tatsache, daß ein gleiches prozentuales Wachstum der Einkommen eine Ungleichheit in der absoluten Entwicklung der Einkommen beinhaltet. Wenn also z. B. das landwirtschaftliche Einkommen, das industrielle Einkommen, die Lohneinkommen oder die Besitzeinkommen gleichmäßig um 20 % steigen, dann bedeuten diese 20 % in allen Fällen absolut etwas vollkommen verschiedenes. Wir stellen z. B. fest, daß die Landarbeiterlöhne in den Industrieländern sich ungefähr verdreifacht, die übrigen Löhne sich verdoppelt haben. Aber die Verdoppelung der Industrielöhne bedeutet in manchen Fällen einen höheren absoluten Betrag als die Verdreifachung der Landarbeiterlöhne. Und wenn Sie unentwickelte Gegenden und industrialisierte in den einzelnen Ländern, oder Industriestaaten und unterentwickelte Länder miteinander vergleichen, so ist in den letzten zehn Jahren die Einkommensdisparität in beiden Fällen größer geworden.

Wie stimmt das eigentlich überein mit den Daten, die uns immer genannt werden über die Konstanz des Verhältnisses von Besitzeinkommen und Arbeitseinkommen in der Volkswirtschaft? Es wird vielfach gesagt, das Besitzeinkommen betrage etwa 15 % in einer entwickelten Volkswirtschaft, das Arbeitseinkommen 85 %. Das ist eine Konstanz, die über Jahrzehnte geht. Aber, meine Damen und Herren, das gilt nur global. Und hier haben wir gerade den wichtigen Punkt für eine regionale Betrachtung, die diese Bilanz in ihre Einzelwerte auflöst. Es kann natürlich sehr gut sein, daß das Verhältnis von Arbeits- und Besitzeinkommen einigermaßen konstant ist. Aber regional kann es sich außerordentlich verschieben. Dafür gibt es viele Beispiele. So können wir auch bei uns feststellen, daß die Differenz zwischen der Einkommensentwicklung in den stadtnahen Landwirtschaftsgebieten und den entfernten ständig zugenommen hat. Die Möglichkeit der Anreicherung von Einkommen durch erfolgreiche ökonomische Organisation in zentralen städtischen Zentren setzt sich zunächst fort — das hat Herr Giersch auch gesagt — auf die Landwirtschaftsgebiete der Nähe. Es besteht, könnte man sagen, eine Art Verschwörung der städtischen Zentren und der umgebenden Landwirtschaft gegen die periphere Landwirtschaft. Je mehr nämlich die Bauern der stadtnahen Gebiete ihre ökonomischen Chancen wahrzunehmen bereit sind, desto geringer kann die Ausdehnung des Bezugsgebietes für die Stadt sein, desto geringer sind die Transportkosten, die bei der Belieferung anfallen und desto günstiger ist die Versorgung der Stadt. Also ist die Ausschöpfung der in den gestrigen Referaten genannten Intensitätsrente in der Stadtnähe sozusagen ein Handicap für die weiter abgelegenen Gebiete. Es entwickelt sich ein intensiver Güterkreislauf in der Stadtnähe, und nur was man dort nicht erzielen kann, das holt man aus peripheren Gebieten.

Wenn man nun daran die Ausführungen anknüpft, die Herr Giersch über Nodalregionen gemacht hat, muß man sagen: Es kommt darauf an, in entferntere Gebiete so eine Art kleiner Nodalregionen zu entwickeln. Das ist — ganz kurz formuliert — die Aufgabe der Industrialisierung ländlicher Räume. Diese ganzen Einkommensbetrachtungen sind von verschiedener Relevanz für die Wirtschaftspolitik. Die Paritätspreispolitik, wie sie in der heutigen Landwirtschaft verfolgt wird, geht auf das personelle Einkommen, und für diese Zwecke könnte uns eine Gliederung nach Nodalregionen verhältnismäßig wenig nützen, weil die Nodalregionen ja andersartige Funktionen haben als solche, die man unmittelbar mit der Landwirtschaft vergleichen kann. Es taucht hier auch das Problem des unmittelbaren horizontalen Vergleiches von Wirtschaftszweigen auf, die mit einem ähnlichen Einsatz von Arbeitskräften, mit ähnlichen Qualitäten und mit einem ähnlichen Einsatz von Kapital zu rechnen haben. Die heutige Methode ist sehr unvollkommen, weil sie aus einem Bereich, nämlich der Industrie, nur einen Teil, die Lohnbildung, herausgreift und diese besitzlosen Lohnarbeiter auf der anderen Seite mit den Bauern vergleicht. Es ist eine Verlegenheit, und es wäre natürlich sehr viel besser und würde unsere Kenntnisse von der Einkommensverteilung sehr fördern, wenn wir einigermaßen zuverlässige Statistiken über die Verteilung des Einkommens im Handwerk und im Einzelhandel hätten. Dann würden wir einen Komplex von Existenzen haben, die sowohl Arbeitseinkommen wie Kapitaleinkommen verdienen. Die Grundrente spielt im Zuge der wirtschaftlichen Entwicklung eine immer geringere Rolle; auf das Problem will ich aber hier im Augenblick nicht eingehen.

Herr Giersch hat auf Seite 14/15 die Faktoren oder die Gründe für die Differenzierung des Einkommens in der Dynamik aufgezählt. Meine Damen und Herren, wir kommen letzten Endes zurück auf die Frage, wie sich die Einkommensbildung zur Struktur und zum Wachstumsprozeß verhält. Wir wissen, daß die Struktur eigentlich weiter nichts ist als die verfestigte Form, in der Wachstumsprozesse sich ständig wiederholen. Und Strukturen haben die Tendenz, den Prozeß zu zwingen, immer etwa in derselben Weise abzulaufen. Die Modifikationsmöglichkeiten sind verschieden. Wenn ich wieder auf die Landwirtschaft zurückkomme: Es ist sehr viel leichter, ein Anbauverhältnis abzuändern als eine Eigentumsordnung. Eigentumsstrukturen sind außerordentlich starr, und ihre Änderung verlangt ganz andere Maßnahmen der Wirtschaftspolitik als die Abänderung von Anbauverhältnissen und dergleichen mehr. So kommt es also in jedem Falle darauf an, daß ich ein Fingerspitzengefühl dafür bekomme, um welche

Strukturen es sich handelt, welche Wachstumsprozesse sich daran anknüpfen und welche Einsatzstellen ich dann bei der Wirtschaftspolitik wählen muß, ob das eine Marktpolitik ist oder ob das eine regionale Entwicklungspolitik ist. Und ich glaube, daß das, was Herr Giersch in seiner Konzeption, in seiner Hypothese über die Nodalregionen ausgeführt hat, uns in erster Linie weiterhilft in allen Fragen der regionalen Wirtschaftspolitik. Er hat es ja auch die Konstruktion von Infra-Strukturen und der darauf aufbauenden Industrialisierungen usw. genannt. Das ist die Methode, mit der wir versuchen können, das landwirtschaftliche Einkommen der entsprechenden Gegenden zu heben. Das übrige ist sehr dubios, weil wir heute noch nicht wissen — keine Statistik sagt es uns eindeutig — wie in der Landwirtschaft sich Nominaleinkommen und Realeinkommen verhalten und wo Strukturfragen in Fragen des Marktes usw. übergehen. Wir sehen, daß eine ganze Reihe von Betrieben in der Lage ist, die vielgenannten Handicaps marktwirtschaftlicher Art zu überwinden, und zwar immer dann zu überwinden, wenn es sich um eine Unternehmung handelt. Sombart hat einmal gesagt, dem Bauer fehle um Unternehmer zu werden, eigentlich das wichtige Objekt, nämlich die Unternehmung. Einkommensbildung und besonders auch die Bildung von Besitzeinkommen scheinen in sehr starkem Maße eine Frage der dynamischen Entwicklung zu sein. Ich erinnere mich an die Diskussion in Köln im Verein für Sozialpolitik: Da ist zum Ausdruck gekommen, daß viel wichtiger als z. B. Monopoleinkommen die Differenzialrenten seien, die in erfolgreichen Unternehmungen in der Wirtschaftskonjunktur anfallen. Wenn das der Fall ist, dann haben wir dauernd einen Anfall von solchen Besitzeinkommen, teilweise auch von Lohneinkommen, die sich besonders dort anhäufen müssen, wo es solche Unternehmen gibt, und weniger dort anhäufen können, wo es echte Unternehmungen kaum gibt, wo also der Betrieb in erster Linie eine sichere Arbeitsstätte ist.

Die Frage, inwieweit es möglich ist, solche Einkommensdisparitäten auszugleichen, muß man recht skeptisch behandeln. Es ist dieselbe Schwierigkeit, meine Damen und Herren, die darin besteht, die Besitzverhältnisse auszugleichen. Ein wirklich paritätisches Einkommen könnte man nur erreichen durch eine radikale Neuverteilung des Besitzes. Das ist natürlich ein herausforderndes Argument, das aber zum Nachdenken zwingt. Andere kommen auf den Gedanken und sagen, wenn das so ist, wenn in der Volkswirtschaft Spitzenpferde mit größerem Einkommen da sind, dann muß man die Spitzenpferde anhalten, damit die anderen aufschließen können. Das ist natürlich ein etwas gefährliches Experiment. Aber man sollte nicht noch besondere Privilegien denen geben, denen es schon besonders gut geht. Man sollte nicht Strukturen provozieren, die in sich nachher ein disharmonisches Wachstum des Wirtschaftsprozesses mit sich bringen. Man sollte z. B. vorsichtig sein in der Steuerbegünstigung für nicht entnommene Gewinne oder für Steuerbegünstigung aus dem 7er Paragraphen. Das führt ja dazu, daß man eine Matrize der Investitionen konstruiert, die man nachher ausfüllen muß mit entsprechenden Güterproduktionen, und das gibt dann leicht ein Ungleichgewicht. Man soll also Spitzenpferden keine besonderen Medikamente geben, damit sie noch schneller laufen, man soll sie aber auch nicht anhalten. Man soll dafür lieber den zurückgebliebenen Pferden, die sich selber nicht helfen können, etwas mehr Hafer geben. Dann können wir vielleicht erwarten, daß die Disparitäten nicht weiter wachsen und daß die Reserven der zurückgebliebenen Wirtschaftszweige entwickelt werden. Eine der wichtigsten Vorbedingungen dabei ist eine gleichmäßigere Ausbildung, d. h. eine gleichmäßigere Investition in den Menschen selber.

Vorsitzender Professor Dr. Jürg *Niehans* (Zürich):

Ich danke Herrn Niehaus für seine Ausführungen und darf vielleicht hier eine Frage, eine Bemerkung, zum weiteren Verfahren einschalten. Wie ich vorhin schon im Zusammenhang mit der „Preisfrage" sagte, können wir uns an den — richtigen — Grundsatz halten, daß alles, was irgendwo geschieht, irgendwo geschieht, d. h. *alle* Dinge in der Volkswirtschaft haben einen räumlichen Aspekt und gehören deshalb irgendwie zum Thema, das hier aufgerollt worden ist. Ich möchte Ihnen aber vorschlagen, daß wir den Bereich der Probleme, die wir betrachten wollen, im Augenblick nicht mehr weiter vergrößern und uns in dem Rahmen halten, der uns bereits gesteckt ist. Das ist das eine. Dazu kommt eine zeitliche Frage. Wir haben für diese Diskussion, wie ich feststelle, nunmehr noch 54 Minuten zur Verfügung. Wir haben dem ersten Referenten ein Schlußwort einzuräumen, so auch dem Vorsitzenden, so daß wir insgesamt vielleicht noch etwa 40 Minuten hier diskutieren können. In dieser Zeit sollten einige Redner nunmehr noch zum Zuge kommen, wie viele, kann ich nicht feststellen, doch werden es sicher mindestens zehn sein. Ferner werden Sie mir wahrscheinlich darin recht geben, daß ein Redner die von ihm beanspruchte Redezeit eher zu unter- als zu überschätzen geneigt ist und es würde sich nun aufdrängen, daß wir eine Divisionsrechnung vornehmen. Ich habe gestern zwar gelernt, daß hier in Göttingen Kant nicht zitiert werden sollte; ich werde es aber trotzdem tun und es Ihnen überlassen, sich nach den Regeln des kategorischen Imperativs und im Lichte der vorangegangenen Bemerkungen die

Redezeit selber zuzumessen. Ich möchte Ihnen weiterhin vorschlagen, daß wir zunächst so vorgehen, daß wir das Referat von Herrn Giersch von einer noch etwas anderen Seite betrachten als es bisher betrachtet worden ist, indem wir uns einfach fragen, was an seinen Worten vielleicht falsch gewesen sein könnte, also nun nicht ergänzend weitere Gedanken hinzufügen, sondern lediglich die Frage stellen: Gibt es auf Seite x eine Feststellung y, die vielleicht nicht ganz richtig formuliert sein könnte, die eine Modifikation, eine Korrektur, erfordert. Wenn dann die Diskussion über diese spezifischen Punkte zu Ende gekommen ist, würden wir das Blickfeld wieder etwas erweitern und etwa nach methodischen Überlegungen fragen. Es haben sich verschiedene Redner im voraus zur Verfügung gestellt. Ich weiß nicht, ob ihre beabsichtigten Bemerkungen unter das vorgeschlagene Stichwort passen. Ich darf Sie deshalb bitten, sich nunmehr durch Handerheben zu melden, sofern Sie zu diesem Problemkreis, zu einzelnen Feststellungen, etwas bemerken möchten. Ich werde später auf die Namensliste zurückkommen.

Dozentin Dr. Ingeborg *Esenwein-Rothe* (Wilhelmshaven):

Meine Damen und Herren, ich brauche meine Zeit nicht länger in Anspruch zu nehmen als es soeben gestattet wurde, wenn ich mich auf eine Frage an Herrn Professor Giersch beschränke, nämlich auf die nach der statistischen Verifizierung der von ihm verwendeten Zahlen für das Durchschnittseinkommen. Wenn Sie, Herr Professor Giersch, Ihre Forschungen weiter betreiben wollen, wäre zu fragen, ob Sie daran denken werden und wie Sie es halten wollen, daß wir in den Durchschnittseinkommen, wie sie statistisch erfaßt werden, auch die übertragenen Einkommen drin haben. Die von Ihnen bisher verwendeten Zahlen enthalten doch auch Einkommen aus der Sozial- und Arbeitsfürsorge, Einkommen aus Renten sowie sonstige, etwa aus Notstandsprogrammen oder sonstigen regional bestimmten Staatsausgaben fließende Einkommen. Würden nicht mit bereinigten Werten die Einkommensunterschiede für die einzelnen Gebiete in Ihrer Gesamttabelle noch deutlicher aufscheinen?

Vorsitzender Professor Dr. Jürg *Niehans* (Zürich):

Ich darf nun Herrn Jürgensen das Wort erteilen.

Dozent Dr. Harald *Jürgensen* (Münster):

Angesichts der erdrückenden Fülle von Aspekten und wohl auch, um die Diskussion zu begrenzen, hat der Herr Vorsitzende eine Preisfrage gestellt, nämlich: Welche Elemente können genannt werden, die keinen Einfluß auf die regionale Einkommensverteilung ausüben? Mit Hinblick auf die allgemeine Interdependenz möchte ich vorsichtig formulieren und bezüglich der *Transportkosten* fragen, ob ihnen nicht vielleicht ein *geringerer* Einfluß auf die regionale Einkommensverteilung zukommt als durch Herrn Professor Giersch abgeleitet wurde. Meine Argumentation bezieht sich also auf Punkt 6 seines Referates, in dem festgestellt wird: „Eine Ursache räumlicher Unterschiede im durchschnittlichen Nominaleinkommen der Bevölkerung sind die Kosten des Gütertransportes."

Meine erste Frage geht dahin, wie sich diese These mit der räumlichen Arbeitsteilung verträgt. Wäre nicht zu berücksichtigen, daß die Transportkosten kein Datum der Produktion bilden, sondern eine durchaus beeinflußbare Variable, daß sie also nur bei unveränderter Produktionsfunktion mit zunehmender Entfernung vom Kerngebiet einen Teil der Wertschöpfung zu Lasten von Lohn und Gewinn absorbieren? Ausweichmöglichkeiten ergeben sich nach zwei Richtungen: Einmal kann der zunehmenden Belastung mit Transportkosten durch Veränderung der Produktionsfunktion, z. B. einen verringerten Rohstoffanteil, ausgewichen werden. Zum zweiten lassen sich bei geschickter Produktdifferenzierung Praeferenzen bei den Nachfragern hervorrufen, so daß diese bereit sind, die gegenüber einer Produktion im Kerngebiet aufgewendeten zusätzlichen Transportkosten im Preis zu ersetzen. Wir haben in unserem Institut eine ganze Reihe von Unternehmen in Nordrhein-Westfalen als Kern- und Baden-Württemberg als Randgebiet untersucht und solche Verhaltensweisen bei peripher gelegenen Werken feststellen können. Besonders bemerkenswert waren z. B. die Unterschiede in den Produktionsprogrammen von in Nordrhein-Westfalen und Baden-Württemberg gelegenen Eisengießereien.

Von den Transportkosten wurde weiter gesagt, daß sie die Arbeitsteilung über größere Entfernung stärker beeinträchtigen als die Arbeitsteilung auf engem Raum und so zur Bildung von Zentren der wirtschaftlichen Aktivität zwingen. Sicher sind es die Transportkosten, die zur Anhäufung vieler *gleichgerichteter* Produktionsstätten (Kohle, Stahl, Schwermaschinen usw.) innerhalb eng begrenzter Regionen führen, aber doch wohl nicht durch Begünstigung der Arbeitsteilung, durch die Industrien an diese Räume gebunden sind. Die eigentliche Arbeitsteilung erfolgt (u. a. wegen der Transportkosten) über größere Entfernung. Das Ruhrgebiet und das Industriegebiet um Stuttgart bieten hierfür ein gutes Beispiel. Die jeweiligen Hauptindustrien sind in dem anderen Gebiet praktisch nicht vertreten.

Abschließend darf ich vielleicht auf einige Fakten aufmerksam machen, die geeignet sind, meine Argumentation bezüglich der Bundesrepublik Deutschland zusätzlich zu stützen. Dieses Vorgehen erscheint um so zweckmäßiger, als ja auch das Referat Fakten zum Vergleich der Hypothesen herangezogen hat. Den behaupteten Einfluß der Transportkosten reduzieren außerdem:

1. Die Degression der Frachten, sofern sie über die Kostendegression hinausgeht (Eisenbahn).
2. Die höheren sozialen Durchschnittskosten von öffentlichen Verkehrseinrichtungen in Randgebieten, sofern sie sich nicht entsprechend in den privaten Kosten von Produktion und Konsum niederschlagen (Kanäle).
3. Die Wirkung von Ausgleichskassen. Bei dem Bezug von Stahl beispielsweise befindet sich kein Nachfrager ökonomisch weiter als 220 km vom Kerngebiet entfernt.
4. Die Wirkung von Preisdifferenzierungen. Gedacht ist hier vor allem an den Konsumsektor. Viele Waren, insbesondere Markenartikel, werden im ganzen Bundesgebiet zum gleichen Preis verkauft, also im Preis entsprechend zugunsten der Randgebiete (ab Werk) differenziert.

Vorsitzender Professor Dr. Jürg *Niehans* (Zürich):

Ich danke Herrn Jürgensen. Ich würde vielleicht vorschlagen, daß wir noch ein oder zwei Fragen dazunehmen und daß dann Herr Giersch, bevor wir weitergehen, dazu Stellung nimmt.

Vielleicht gestatten Sie mir, daß ich selbst einige knappe Fragen hier einschiebe. Erstens habe ich den Eindruck, daß das Preisgefälle von der Stadt nach außen durch den Hinweis auf Transportkosten und Grundrenten noch nicht ausreichend erklärt sei. Wären nur diese Faktoren wirksam, schiene es mir nämlich wohl denkbar, daß mitunter kein derartiges Preisgefälle auftritt, ja, daß es sogar in umgekehrter Richtung verläuft. Selbst ein Gruppenindex der Nahrungsmittelpreise könnte unter diesen Umständen weit draußen bei den „Jägern" höher stehen als näher bei der Stadt. Sollten deshalb nicht weitere Faktoren zur Erklärung des Preisgefälles mitherangezogen werden? Zweitens frage ich mich, ob die „Vorteile der Arbeitsteilung auf kleinem Raum" die Zentrenbildung wirklich schon ausreichend begründen. Lösch scheint mir recht zu haben, wenn er in diesem Zusammenhang auf die „increasing returns to scale" hinweist[1].

---

[1] Die weitere briefliche und mündliche Erörterung dieses Punktes hat ergeben, daß Herr Giersch die „increasing returns to scale" weitgehend mit den „Vorteilen der Arbeitsteilung auf kleinem Raum" indentifiziert. Soweit man diese Gleichsetzung anerkennt — und wenigstens zum Teil ist sie sicher berechtigt —, entfällt die zweite Frage. Nichtsdestoweniger scheinen mir aber weitere Elemente notwendig zu sein, um den jeweiligen Charakter der Zentren oder Zentrennetze zu erklären.

Drittens möchte ich die Frage aufwerfen, ob denn wirklich das System von Thünen sowohl die Minimierung der Transportkosten als auch der Grundrenten gewährleiste. Weder das eine noch das andere scheint mir zuzutreffen. Die Minimierung der Transportkosten würde ohne Zweifel zu einer anderen Standortfigur führen. Minimiert werden vielmehr die Gesamtkosten, und zwar um den Preis gewisser Mehraufwendungen für die Transporte[2].

Eine vierte Bemerkung betrifft die These, daß Mobilitätshindernisse, räumliche Präferenzen und Unterschiede in den Selbstversorgungsmöglichkeiten notwendige Bedingungen für regionale Einkommensunterschiede seien. Ich glaube nicht, daß sie richtig ist. Vielmehr scheint es andere Bedingungen zu geben, welche die gleichen Wirkungen haben können[3].

Soweit meine eigenen Fragen. Vielleicht ist nun der Augenblick gekommen, um Herrn Giersch einzuladen, sich zur bisherigen Diskussion zu äußern.

Zwischenantwort des Referenten Professor Dr. Herbert *Giersch* (Saarbrücken):

Je mehr Fragen sich angehäuft haben, um so schwieriger ist es, jede einzelne von ihnen präzise zu beantworten. Deshalb danke ich Ihnen sehr für diese Möglichkeit, eine Zwischenantwort zu geben.

Die beiden Korreferate von Herrn Möller und von Herrn Niehaus bilden in vieler Hinsicht eine begrüßenswerte Bereicherung und Ergänzung dessen, was ich darzulegen versucht habe. Widersprüche zu meinen eigenen Ausführungen sind mir nicht aufgefallen.

Auf Frau Dr. Esenwein-Rothes Frage, wie man die Transfereinkommen in der regionalen Einkommensanalyse untersuchen soll, kann ich im Augenblick keine endgültige Antwort geben. Das Wichtigste scheint mir zunächst eine regional aufgegliederte Statistik der Transferströme zu sein. Bei der Interpretation der Fakten, die dann vorgenommen werden muß, wird man auf das Problem der sekundären und tertiären Wirkungen und damit auf die Frage der regionalen Multiplikatoren

---

[2] Der Hinweis auf die Grundrente scheint mir allerdings bei nachträglicher Überlegung hier nicht am Platze zu sein.
[3] So z. B. Präferenzen nicht-räumlicher Art für gewisse Beschäftigungen. Der Hinweis auf die interregionalen Zahlungsbilanzprobleme, der an dieser Stelle im Diskussionsvotum enthalten war, scheint nur in Bezug auf die Nominaleinkommen von Bedeutung zu sein, in Bezug auf die Realeinkommen, die hier zur Diskussion stehen, aber nicht.

stoßen, deren Messung wahrscheinlich sehr schwierig sein wird. Zunächst aber sollten wir danach trachten, die Fakten zu bekommen.

Herr Dr. Jürgensen hat, wenn ich ihn recht verstanden habe, meine These bezweifelt, daß die Transportkosten eine wichtige Bedingung für die Existenz regionaler Einkommensunterschiede sind. Andererseits aber hat er zum Schluß seiner Ausführungen darauf hingewiesen, daß mit Hilfe transport- und tarifpolitischer Maßnahmen z. B. zugunsten der Randgebiete regionale Verteilungspolitik getrieben wird. Die Transportkosten müssen also doch wohl in diesem Zusammenhang eine ausschlaggebende Rolle spielen. Daß die Praktiken der regionalen Preisdifferenzierung geeignet sind, die ökonomische Wirkung der Transportkosten zu verstärken oder zu schwächen, will ich gerne zugeben. Das ist ja auch schon eingehend untersucht worden. Ich brauche nur auf die Arbeiten von Herrn Möller hinzuweisen, der sicherlich zu diesen Fragen sehr viel mehr sagen kann, als ich es vermag.

Herr Niehans hat, wie immer, wenn wir uns treffen, durchdringende Fragen gestellt. Sie erheischen eine detaillierte Antwort, und ich möchte es mir im Interesse der sachlichen Klärung vorbehalten, sie schriftlich zu formulieren, nachdem ich die Einwände noch einmal gelesen habe. Ich schlage deshalb vor, daß wir über die strittigen Punkte einen Briefwechsel führen.

Nur zwei Dinge möchte ich hier schon vorwegnehmen. Meine Hypothese vom Preisgefälle in einem Thünenschen System muß natürlich getestet werden. Ich habe mich vorerst mit illustrativen Beispielen begnügen müssen, die nur wenig Beweiskraft haben. Es sind Beobachtungen, die der Ergänzung bedürfen, und es wird sicher auch Ausnahmen geben. Zum anderen möchte ich noch ganz kurz auf die Frage eingehen, ob und in welchem Sinne Mobilitätshindernisse und räumliche Präferenzen notwendige Bedingungen für regionale Einkommensunterschiede sind. Wenn es weder Mobilitätshindernisse noch räumliche Präferenzen gibt, gilt der von mir in § 6 b zitierte Satz Thünens in dem Sinne, daß der Reallohn für gleichartige Tätigkeiten überall gleich ist. Infolgedessen sind Mobilitätshindernisse und räumliche Präferenzen Ursachen für regionale Unterschiede in der Realentlohnung solcher gleichartigen Tätigkeiten. Regionale Unterschiede im Lohnniveau beruhen außerdem natürlich auf intersektoralen Lohnunterschieden und auf Unterschieden in der Beschäftigungsstruktur, wie ich zu zeigen versucht habe. Damit glaube ich, meine Zwischenantwort abschließen zu können[1].

---

[1] In dem anschließend mit Herrn Niehans geführten Briefwechsel habe ich meine Auffassung über den Zusammenhang zwischen den „Vorzügen der Arbeitsteilung auf engem Raum" und den von ihm erwähnten „increasing returns to scale" oder „economies of scale" wie folgt erläutert:

Vorsitzender Professor Dr. Jürg *Niehans* (Zürich):

Ich danke Herrn Giersch. Ich glaube, er hat in 3 bis 4 Minuten mehr geleistet, als man eigentlich in 3 bis 4 Minuten leisten kann. Es sind nun als Redner noch eingeschrieben Herr Meinhold, Frau Professor Liefmann-Keil, Herr Predöhl, Herr Egner und Herr Littmann, sofern meine Liste vollständig gehalten ist. Darf ich Herrn Meinhold das Wort erteilen.

„Streng genommen erklären die Vorzüge der Arbeitsteilung auf engem Raum zunächst nur, daß es überhaupt zur Bildung irgendwelcher Zentren kommt. Deshalb habe ich in § 6 ergänzend auf den besonderen Standortvorteil hingewiesen, den die Mitte eines abgegrenzten Gebietes besitzt. Man kann auch sagen, daß hier die abstoßende Wirkung der Grenze zusätzlich zur Erklärung eines „wahren" Zentrums herangezogen wurde. Die economies of scale lassen sich letztlich auch auf die Vorzüge der Arbeitsteilung auf engem Raum zurückführen. Edward Chamberlin, der die These bestreitet, nach der die economies of scale auf Unteilbarkeiten (indivisibilities) beruhen, schreibt zum Beispiel: „The plant curves ... define a downward course ... primarily for two reasons: (1) increased specialization made possible in general by the fact that the aggregate of resources is larger, and (2) qualitatively different and technologically more efficient units or factors, particularly machinery, made possible by a wise selection from among the greater range of technical possibilities opened up by the greater resources. These two explanations overlap substantially (machinery for instance, being often the expression of further „specialization" in the capital factor)..." (Edward Chamberlin, The Theory of Monopolistic Competition. Sixth Edition, Second Printing, Cambridge Mass. 1950, S. 235 f.).

Innerbetriebliche Spezialisierung ist aber nichts anderes als Arbeitsteilung auf engem Raum, ob man Adam Smiths Stecknadelbeispiel oder das moderne Fließband nimmt.

Die Vorteile der Agglomeration (die sogen. Fühlungsvorteile im Sinne Alfred Webers oder die economies of conglomeration, wie J. E. Meade sie nennt) sind in erheblichem Maße Vorteile der *zwischenbetrieblichen* Arbeitsteilung auf engem Raum. Ich zitiere hier Meade: „Communications and transport between the firms producing components for each other will be easier; there will be a pool of skilled labour from which each firm may draw as its own activity fluctuates; know how, skill, and technical ideas may be more easily spread when all the producers and workers are in easy contact with each other" (J. E. Meade, Trade and Welfare, London, New York, Toronto 1955, S. 258). Ergänzend möchte ich auf die in § 9 c getroffene Feststellung hinweisen, daß sowohl die Kooperation als auch die Konkurrenz auf engem Raum zu gebietsinternen Ersparnissen führen können, die mit den betriebsexternen Ersparnissen des bekannten Erziehungszollarguments eng verwandt sind.

Die Frage, warum sich nicht nur ein „wahres" Zentrum, sondern ein System von Zentren verschiedener Ordnung bildet, läßt sich wie folgt beantworten. Zunächst muß davon ausgegangen werden, daß wegen der Flächenhaftigkeit der Agrarproduktion zumindest die von der landwirtschaftlichen Bevölkerung entfaltete Nachfrage nach gewerblichen Erzeugnissen räumlich gestreut ist. Wenn es dann gewerbliche Erzeugnisse gibt, bei deren Herstellung die Vorteile der Arbeitsteilung auf engem Raum nicht groß genug sind, um die Transportkosten aufzuwiegen, die für die Belieferung des Gesamtraumes von einem Zentrum aus entstehen, sind mehrere räumlich gestreute Betriebe der gleichen Branche existenzfähig, von denen jeder unter dem Einfluß der Transportkosten ein geschütztes Absatzgebiet besitzt. So kommt es zu dem von Lösch beschriebenen System von Marktnetzen. Wegen der

Professor Dr. Helmut *Meinhold* (Heidelberg):

Die Zeit erlaubt es nicht, das Viele hervorzuheben, für das ich Dank sagen möchte. Also konzentriere ich mich auf den Angriff. Er gilt natürlich Ihrer — wie Sie selbst sagen, „überkühnen" — Hypothese, aus der heraus Sie das ganze System aufgebaut haben, auf der Hierarchie der zentralen Orte. Sie haben selbst darauf

---

transportkostenbedingten Vorzüge der zwischenbetrieblichen Arbeitsteilung auf engem Raum ziehen sich die außerhalb des Hauptzentrums gelegenen Betriebe, soweit sie komplementär sind, gegenseitig an. Dadurch entstehen Zentren zweiter Ordnung um das Hauptzentrum, Zentren dritter Ordnung um die Sekundärzentren usw. Dieses Christaller-Lösch-System läßt sich ohne weiteres mit dem Weber-System kombinieren, in dem die Rohstoffe und Arbeitskräfte unregelmäßig verteilt sind und die Transportfläche nicht homogen ist. Da sich meine Ausführungen mit der Einkommensproblematik beschäftigen sollten, glaubte ich, mich mit den Hinweisen auf Thünen, Christaller, Lösch und Isard in § 15 c begnügen zu dürfen."

Die von Herrn Niehans gestellte Frage nach der Minimierung der Transportkosten im Thünenschen System bezieht sich auf den zweiten Satz in § 6 a meines Referats. Da dieser Satz nicht klar genug zum Ausdruck bringt, daß die Minimierung der Transportkosten im Interesse der Maximierung der Grundrenten erfolgt und daß sie deshalb natürlich auch nur so weit geht, wie damit eine Senkung der Gesamtkosten verbunden ist, habe ich nachträglich eine präzisierende Fußnote eingefügt. Im übrigen verweise ich auf § 7 c und den Satz „Der Ausgleichsprozeß geht nicht weiter als bis zu dem Punkt, an dem noch soviel Ersparnisse an Lohn- und Zinskosten verbleiben, daß die höheren Transportkosten aufgewogen werden". Dieser Satz deckt sich genau mit der Feststellung, die Herr Niehans in seinem Diskussionsvotum trifft: „Minimiert werden vielmehr die Gesamtkosten, und zwar um den Preis gewisser Mehraufwendungen für die Transporte."

In der Frage des Preisgefälles vom Zentrum zum Rand habe ich zu dem detaillierten Einwand, den Herr Niehans in seinem Schreiben vom 21. Mai formuliert hatte, in meinem Antwortbrief wie folgt Stellung genommen:

„Die These vom Preisgefälle im System von Thünen gilt nach meiner Auffassung auch dann, wenn man unterstellt, daß auch die von der Bevölkerung außerhalb der Stadt konsumierten Agrarerzeugnisse vorher verarbeitet werden, denn erfahrungsgemäß erfolgt zumindest die erste Verarbeitung, und insbesondere die für den lokalen Bedarf, in den Produktionsgebieten selbst. Man denke an das Mahlen des Getreides, die Verarbeitung der Zuckerrüben (oder des Zuckerrohrs), die Herstellung der Landbutter, aber auch die Materialorientierung der Molkereien überhaupt. Edgar M. Hoover (The Location of Economic Activity, First Edition. New York etc. 1948, S. 32—35) bringt weitere Beispiele für die USA („the ginning and baling of cotton", „the cottonseed crushing", „the canning and preserving industry").

Die Ursache der Materialorientierung liegt teils im entstehenden Gewichtsverlust bei der Verarbeitung, teils in der Wiederverwendung der Abfallprodukte durch die Landwirtschaft selbst, teils in der Verderblichkeit der unverarbeiteten Erzeugnisse. Daß die wirkliche Wirtschaft wegen der ungleichmäßigen Bodenqualität, der klimatischen Verschiedenheiten, der unterschiedlichen Verkehrsbedingungen und aus anderen Gründen zahlreiche Ausnahmen vom allgemeinen Prinzip und viele Unregelmäßigkeiten aufweist, ist nicht zu bestreiten, aber man muß m. E. das Besondere vor dem Hintergrund des Allgemeinen zu erfassen versuchen, wenn man die Wirklichkeit in den Griff bekommen will."

hingewiesen, daß das nicht genügt, daß man also noch andere Dinge hinzufügen muß. Aber ich möchte sagen, es reicht nicht nur quantitativ nicht, sondern auch qualitativ. Sie müssen, um Ihre Idee durchzuführen, erklären, wie es zum System der zentralen Orte kommt und dann landen Sie doch bei der gesamten Standortstheorie. Erst die Erklärung der Standorte erklärt das System der zentralen Orte, dann freilich wirkt das in Entstehung begriffene System der zentralen Orte wieder auf die Standorte ein. Also, ich glaube, Sie kommen nicht um das herum, was Herr Möller schon hervorgehoben hat, nämlich wir müssen auf die Standortstheorie zurückgreifen, und hier sehe ich eigentlich nicht ein, warum Sie die Standortstheorie so ausschließlich von der Seite der zentralen Orte aus aufbauen wollen, wo wir doch schon eine ganze Menge fruchtbare und weit darüber hinausführende Ansätze der Standortslehre haben; eben z. B. den Ansatz von Lösch mit seinen Netzen. Natürlich wird Ihr relativ einfaches System dadurch sehr viel komplizierter, aber es wird auch richtiger, wenn wir die ganze Standortstheorie, in der die Theorie der zentralen Orte als Wirkung und als Ursache eine große Rolle spielt, zugrunde legen. Doch ist es, glaube ich, auch nicht zu schwer. Natürlich ist das unreif, was ich jetzt sage, aber ich glaube, es geht. Nehmen wir zunächst die, sagen wir, „natürlichen" Standortsunterschiede, wie Transport-Kosten-Minimalpunkte, Weber'sches Dreieck und alle diese Dinge, deren Deutung wir vor allem bei *Palander* finden. Zählen wir, als zweites, dazu die Wirkung der Agglomerationsfaktoren, da kommt ja dann Ihr Problem der zentralen Orte mit hinein; nehmen wir als drittes hinzu die Standortspolitik, die auch Standortsfaktoren gestaltet; ziehen wir davon ab als viertes Moment die Wirkung der Mobilität der Produktionsfaktoren, nicht nur der Arbeit, sondern sämtlicher Produktionsfaktoren. Sie haben, m. E. sehr richtig, darauf hingewiesen, daß es, soweit die Produktionsfaktoren mobil sind, keine Einkommensdifferenzierung mehr gibt. Die Wirkung der Mobilität müssen Sie also von den differenzierenden Momenten abziehen. Was sich nach diesem Prozeß ergibt, ist das, was die Standortstheorie schon bisher aussagt.

Um das Ergebnis weiter der Realität anzunähern, nehmen wir, fünftens, all die Gesichtspunkte, die Sie aufgezählt haben (ich glaube, Sie sind viel zu bescheiden, wenn Sie sagen, daß es unvollständig ist), also etwa die demographischen Differenzierungsmomente, die Zusammensetzung der Bevölkerung usw. Weiter müssen wir noch hinzunehmen, darauf hat schon Frau Dr. Esenwein hingewiesen, die Einkommenspolitik, die Einkommensdifferenzierungspolitik des Staates als sechstes; das ganze Problem des Finanzausgleichs kommt hier automatisch und notwendigerweise mit in die Überlegung. Jetzt endlich haben Sie die nominale „Einkommenslandschaft" (Lösch hat so nett von der „Landschaft" in diesem Sinne gesprochen, mit Höhen und Tiefen). Stellen wir ihr als siebenten Gedankenvorgang die Preislandschaft gegenüber. Darauf sind Sie ja leider sehr wenig eingegangen; erst wenn Sie jetzt die Preislandschaft, die wieder durch die Standorte bedingt ist, mit der Standortslandschaft vergleichen, kommen Sie zu den Realeinkommen. Ich sehe ein, daß dieser Vorgang viel komplizierter erscheint als der Ihre, aber unlösbar schwierig ist er auch wieder nicht; und Ihr Ansatz, mit den zentralen Orten, erscheint darin überall, reicht aber als alleiniger logischer Ansatz nicht aus.

Vorsitzender Professor Dr. Jürg *Niehans* (Zürich):

Ich glaube, es ist auf einen verbreiteten Verdacht hingewiesen worden, es hätte da vielleicht ein tautologisches Element in der Gedankenführung vorgelegen und es ist sicher wertvoll, daß dieser Eindruck zum Ausdruck gebracht worden ist.

Professor Dr. Andreas *Predöhl* (Münster):

Ich möchte nicht versuchen, die sorgfältig durchgearbeitete Kasuistik von Herrn Giersch in Frage zu stellen. Ich will nur einen kritischen Einwand gegen die kühne Hypothese von der konzentrischen Ordnung der Einkommenshöhe machen, obgleich diese Hypothese, wie Sie sich denken können, großartig zu meiner eigenen Konzeption paßt. Ich möchte auf die mangelnde Mobilität der Bevölkerung hinweisen, ähnlich, wie es schon Herr Niehaus getan hat. Sollte nicht dieser eine Faktor von vornherein in Ihrer Konzeption ganz groß herausgestellt werden? Ich denke z. B. an das Gefälle, das Sie für Amerika geschildert haben und das von Nordosten zu den Südstaaten hin abfällt. Es ist in dieser Richtung sicher viel stärker als es nach Ihrer Hypothese sein dürfte, weil man dabei in die Negergebiete kommt — Mississippi ist ein regelrechter Negerstaat — oder in die Gebiete der Poor Whites aus den Appalachen, die zu niedrigen Löhnen in die Textilindustrie gehen und gar nicht daran denken, zu den Lohn-Maxima in den Norden zu wandern; ich könnte auch auf die italienischen Südgebiete hinweisen. In allen diesen Fällen ist der Abfall sehr viel stärker durch die bloße Immobilität.

Darüber hinaus möchte ich noch eine Bemerkung zu Herrn Gierschs Ausführungen über Amerika machen. Sie wollen drei Zentren in Amerika unterscheiden. Ich möchte dagegen einwenden: es gibt *ein* großes Industriekerngebiet im Osten Amerikas, von dem der eine Teilkern um Pittsburgh, der andere um Chikago herum liegt. Das entspricht dem europäischen Gravitationsfeld, das Sie ebenfalls — ganz in Übereinstimmung mit meiner Auffassung — als ein Kerngebiet mit mehreren Teilkernen darstellen. Kalifornien ist nach meiner Konzeption ein Randkern, der noch im Bereich des ostamerikanischen Gravitationsfeldes liegt. Das ist kein bloßer Auffassungsunterschied, sondern es ergibt sich aus meiner These, nach der die Eisen- und Stahlindustrie — ganz anders als bei Lösch — die eigentliche raumbildende Industrie ist. Es gibt kein Kerngebiet ohne eine starke Stahlindustrie, die durch ihre feste Bindung an bestimmte Standorte und ihre kurzen Absatzradien ihre raumbildende Kraft entfaltet. Aber das geht schon über den Gegenstand des Gierschschen Referats hinaus.

Vorsitzender Professor Dr. Jürg *Niehans* (Zürich):
Nach Herrn Predöhl möchte ich das Wort Herrn Egner geben.

Professor Dr. Erich *Egner* (Göttingen):
Da die Zeit drängt, möchte ich das, was mir durch den Kopf gegangen ist, auf eine Formel bringen, die veilleicht naiv, so veraltet wie ein Dinosaurier, aussehen wird. Dabei hatte ich das Empfinden, daß man durch das ganze Angehen des Problems bei Herrn Giersch in die Gefahr kommt, über eine allzu positivistische Betrachtungsweise Dinge zu rationalisieren, die an sich *irrational und historisch zufällig* sind. Wir müssen uns sehr hüten, wenn wir die Tatsachen zu erklären suchen, sie so hinzustellen, als ob sie in ihrem Ablauf unvermeidbar gewesen wären. Der Gesichtspunkt, der mir dabei besonders im Sinne liegt, ist derjenige der Zentralität. In bezug auf das Agglomerationsproblem hat unser Herr Vorsitzender vorhin das Stichwort von den scale economies fallen lassen. Das ist eines von den Klischees, die in dieser Hinsicht heute weit verbreitet sind. *Isard* hat in seinem neuen Buch — meinem Empfinden nach durchaus richtig — gesagt, die Agglomerationstheorie sei derzeit eines der unbefriedigsten Kapitel in der ganzen Regionalforschung. Es stecken nämlich — so glaube ich — in den konkreten Agglomerationsvorgängen viele historische Zufälligkeiten. Wenn ich mich recht entsinne, so hat *Viner* vor ein paar Jahren von der parasitären Entwicklung gesprochen, die sich bei der Urbanisierung der alten Industrieländer vollzogen hat. Noch stärker zeigen diese Dinge sich wohl heute in den unterentwickelten Ländern. Daß hier Fehlentwicklungen vorliegen, darüber ist man sich weithin einig. Die Schwierigkeit scheint mir nur in dem Nachweis zu liegen, wo die Grenzen einer sinnvollen und einer verfehlten Stadtentwicklung zu finden sind.

Was die Hierarchisierung der Städte und Regionen anbetrifft, so handelt es sich dabei um eine Rangordnung der Märkte. Zentrale Orte sind ihrem Wesen nach Marktplätze für Güter und tertiäre Dienste. Die Industrie ist ihnen aber nicht ohne weiteres einzugliedern. Die typische Industriestadt, das ergibt sich aus der ganzen Diskussion um die zentralen Orte, ist kein zentraler Ort. Man muß also der Industrie gegenüber ganz vorsichtig prüfen, inwieweit bei ihrer Verstädterung wirklich Notwendigkeiten vorlagen oder inwieweit dabei zufällige Faktoren den Ausschlag geben.

Nun noch ein Zweites, was mit diesen Irrationalitäten zusammenhängt. Herr Meinhold hat es soeben schon kurz angedeutet, daß wir die sozialen Kosten bei Beurteilung von Sinn und Unsinn der Agglomeration in Rechnung stellen müssen. Wenn man eine solche volkswirtschaftliche Kostenrechnung aufmacht, dann sieht das Ergebnis wesentlich anders aus, als wenn man nur mit den privatwirtschaftlichen Kategorien des Marktes arbeitet. Man braucht nur an die schon von Herrn Niehaus erwähnten Kapitalinvestitionen in auf dem Lande aufwachsende Kinder zu denken, die dann als Erwachsene in die Stadt transferiert werden und der dortigen Wirtschaft zugute kommen, oder an die kollektiven Dienste, die in der Stadt, nicht aber im gleichen Maße auf dem Lande bereitgestellt werden. Dann erscheint das Stadt-Land-Einkommensgefälle nicht mehr so überraschend wie vorher, erkennt man aber auch das dahinter steckende wirtschaftspolitische Problem. Letztlich ist, wie ich schon gestern gesagt habe, die Region für mich ein wirtschafts*politisches* Problem.

Vorsitzender Professor Dr. Jürg *Niehans* (Zürich):

Ich danke Herrn Egner. Ich würde vielleicht Herrn Giersch in dem Sinne in Schutz zu nehmen versuchen, als ich sagen würde, daß jeder Wissenschaftler immer wieder daran erinnert wird, daß nicht alles gesetzmäßig läuft — nämlich dadurch, daß er keinen Erfolg hat mit seinen Erklärungsversuchen. Der nicht gesetzmäßige, „zufällige" Bereich ist eben das, was noch übrig bleibt, wenn wir — so gut als möglich — versucht haben, Gesetzmäßigkeiten zu finden. Ich darf nun Herrn Littmann das Wort geben.

Dozent Dr. Konrad *Littmann* (Münster):

In seinem Referat hat Herr Prof. Giersch die Bedeutung der staatlichen Aktivität für die regionale Einkommensverteilung ausschließlich aus der statistischen Perspektive gewürdigt. Sein Fazit lautete: Die rohen empirischen Befunde der regionalen Einkommensdifferenzierung vor Abzug der Steuern müßten eine Korrektur in Größe der unterschiedlichen Steuerbelastung erfahren. Bei den heute vorherrschenden progressiven Tarifen der direkten Steuern ergäbe sich dann regelmäßig real eine absolute und relative Verringerung der nominellen regionalen Einkommensunterschiede. Das ist zweifellos zutreffend. Ergänzend möchte ich aber darauf hinweisen, daß hiermit allein eine statistische Korrektur bestimmter ex-post-Daten durchgeführt, jedoch kein Urteil über die Auswirkungen der Staatstätigkeit auf die regionale Einkommensverteilung gefällt worden ist. Denn bei einer solchen Analyse der Effekte des staatlichen Eingriffes kommen wir — zumindest unter den Bedingungen des deutschen Finanzsystems — gerade zu entgegengesetzten Ergebnissen. Das heißt: durch die Art des Finanzausgleichs zwischen dem Zentralverband und den untergeordneten Gebietskörperschaften wird im Zeitablauf eine Verstärkung der regionalen Einkommensunterschiede hervorgerufen. Zwar besteht dafür keine Zwangsläufigkeit in dem Sinne, daß alle Finanzausgleichssysteme die Unterschiede im Einkommensniveau verstärken müßten; bereits die in Schweden, teilweise auch die in den Vereinigten Staaten in jüngster Zeit angewandten Verfahren bieten Gegenbeispiele. Indes scheint es mir sicher, daß unter den deutschen Verhältnissen die staatliche Aktivität einen wesentlichen Verursachungsfaktor für das regionale Einkommensgefälle bildet. Ohne auf Einzelheiten einzugehen, darf ich die These kurz begründen.

Zunächst: Eine ökonomische Analyse des Finanzausgleichs kann keinesfalls nur mittels einer einseitigen Betrachtung der Steuern durchgeführt werden. Dann gelangt man nämlich zu ganz verzerrten Resultaten. Herr Prof. Niehaus hat dafür eben ein Beispiel — ich glaube unfreiwillig — geliefert. Es ist doch — entschuldigen Sie bitte, Herr Prof. Niehaus — unzutreffend zu sagen, durch die Steuerpolitik würden die landwirtschaftlichen Regionen gegenüber den industriellen Gebieten benachteiligt. Die Landwirtschaft zahlt doch kaum Steuern, vor allem kaum Einkommensteuern. Mithin sind aber die gegenwärtigen steuerlichen Begünstigungen der Industrie noch nicht einmal entfernt ein Ausgleich für die Präferenzen der landwirtschaftlichen Regionen. So lauten doch die Fakten. Wollte man im übrigen so argumentieren, könnte nur die Frage gestellt werden, wie hoch die relative steuerliche Benachteiligung der industriellen Räume werden muß, um die regionalen Einkommensunterschiede zu nivellieren. Jedoch ist der methodische Ansatz einer solchen Betrachtung m. E. grundsätzlich nicht geeignet, das Problem der staatlichen Beeinflussung der regionalen Einkommenstruktur zu durchdringen.

Einen Schritt weiter gelangt man wohl nur, wenn man die Effekte der öffentlichen Ausgaben als externe Ersparnisse der privaten Unternehmen und Haushalte — und damit als reale Einkommenserhöhungen — auffaßt und diese externen Ersparnisse zu den Steuern — als reale Einkommensminderung — in Beziehung setzt. Bezeichnen wir einen Überschuß der externen Ersparnisse über die Steuern als sozialen Gewinn einer Region, ein Defizit als sozialen Verlust, so können wir im Hinblick auf die Auswirkungen verschiedener Finanzausgleichssysteme auf die lokale Einkommenstreuung folgende globale Feststellung treffen:

Erstens: Bei einem Trennsystem — in reinster Form bei autonomer kommunaler Finanzwirtschaft verwirklicht — werden die sozialen Verluste mit zunehmender Agglomeration abnehmen und schließlich in soziale Gewinne umschlagen. Das heißt: Die regionalen Einkommensunterschiede verstärken sich bei lokaler Finanzautonomie zugunsten der agglomerierten Zonen. Darauf hat nebenbei schon August Lösch aufmerksam gemacht. Zweitens: Der gleiche Effekt muß sich notwendig bei dem sog. Verbundsystem — also der gemeinsamen Bewirtschaftung von Steuern durch die über- und untergeordnete Finanzwirtschaft — ergeben. Drittens: Eine generelle Aussage ist hinsichtlich der Finanzzuweisungen vom Zentralverband zu den untergeordneten Gebietskörperschaften nicht zu fällen. Ökonomisch stellen die Finanzzuweisungen regionale Transferströme dar, deren Richtung offensichtlich von der Wahl des Verteilungsschlüssels abhängt. Die regionalen Einkommensunterschiede vergrößern sich, wenn der Schlüssel zugunsten der agglomerierten Zone konstruiert wird — wie etwa zur Zeit die Zuweisungsschlüssel in allen Ländern der Bundesrepublik. Selbstverständlich könnten auch andere Verteilungskriterien herangezogen werden, wie z. B. in Schweden, wo der Verteilungsschlüssel die Einkommensunterschiede unmittelbar nivellierend gestaltet. Schließlich kommt viertens der lokalen Streuung der Ausgaben des Zentralstaates, insbesondere seiner Investitionsausgaben, für die aufgeworfene Problematik eine hervorragende Bedeutung zu. Es ist leicht einzusehen, daß gerade hierdurch in den einzelnen Räumen unterschiedliche soziale Gewinne oder Verluste induziert werden. Der Tatbestand ist allerdings in der finanzwissenschaftlichen Literatur bislang kaum behandelt worden, nur die Erschließungseffekte einiger weniger öffentlicher Investitionsprogramme — wie etwa jene des Tennessee-Projektes — haben größere Aufmerksamkeit erfahren. Immerhin ist aus der jüngeren Diskussion doch schon in Umrissen zu erkennen, daß in gewissen Grenzen eine Nivellierung der regionalen Einkommensunterschiede mittels der staatlichen Aktivität, insbesondere mit Hilfe der Ausgabenpolitik, zu erreichen ist. Ein derartiges Urteil schließt jedoch ein, daß der Staat selbst ein wesentlicher verursachender Faktor für den Grad des regionalen Einkommensgefälles ist.

Vorsitzender Professor Dr. Jürg *Niehans* (Zürich):

Ich danke Herrn Littmann. Herr Weisser hat nun um das Wort gebeten für drei Minuten zur methodologischen Frage über den Katalog des Möglichen. Dies scheint mir in der Tat eine wertvolle Frage zu sein. Darf ich Herrn Weisser bitten.

Professor Dr. Gerhard *Weisser* (Köln):

Ich möchte mich mit Vergnügen der methodologischen „Dinosaurierposition" von Herrn Egner anschließen, übrigens vom Standpunkte heutiger Logik aus. Herr Giersch, Sie sprechen an ziemlich früher Stelle Ihres Referates von der Durchsicht der möglichen Hypothesen. Ich frage mich ein wenig nach dem Auslesekriterium, das Ihnen da vorgeschwebt hat. Offensichtlich kann es sich nicht um den Katalog der im logischen Sinne denkbaren Ursachen handeln; denn der ist endlos. Was haben Sie also für ein Kriterium für die Auswahl des Möglichen, von dem aus Sie nun Ihre Hypothesen entwickeln, so daß die Zahl der Hypothesen für Ihr Referat von vornherein endlich ist? Ich habe ein bißchen die Vermutung, daß da der Katalog der psychischen Daten in den Modellen der klassischen Theorie einen gewissen Einfluß hat; denn Sie haben nachher von Rationalschemata usw. gesprochen. Es ist nun eine weitverbreitete Meinung, daß alles, was jenseits dieses Katalogs psychischer Daten der klassischen Wirtschaftsmodelle sei, irrational sei. Dies scheint mir eine vollkommen willkürliche Annahme zu sein, für die nichts spricht. Die Rationalität bezieht sich überhaupt nicht auf den Inhalt von Grundmotiven, die man hat. Vielmehr handelt es sich da um das Folgerungenziehen: Zieht der Handelnde aus seinen Motiven und den Umständen klar und konsequent Folgerungen für sein Verhalten? Der Kranz der psychischen Daten der klassischen Modelle ist aber bewußt primitiv gehalten, und zwar aus sehr guten Gründen. Er umfaßt nicht im entferntesten alle für das Wirtschaftsverhalten bestimmende Motive.

Wenn man nun eine Reihe von Diskussionsbeiträgen ins Auge faßt, so spielen da Rücksichten auf andere Grundentscheidungen der Menschen für ihr Handeln eine Rolle, von denen aus man zu möglicherweise anderen Erklärunghypothesen kommen kann. Sie sollten offenbar durch ihre Begrenzung auf die möglichen Hypothesen ausgeschlossen werden. Aber die Sache ist ja nun so: Wenn man eine Reihe von denkbaren Kräften ausschließt, so ist natürlich der Kreis der möglichen Hypothesen ein anderer, als wenn auch diese denkbaren Kräfte als Ursachen in Betracht kommen dürfen. Natürlich ist es möglich, daß sich zufällig dasselbe Ergebnis ergibt, wie auf Grund Ihres künstlich begrenzten Datenkranzes. Aber dann ist keine Verifizierung gelungen, sondern ist ein Zufall zustandegekommen.

Vorsitzender Professor Dr. Jürg *Niehans* (Zürich):

Ich danke Herrn Weisser für seine — wie mir scheint — sehr wertvollen methodologischen Bedenken. Ich glaube, es war am Platze, daß sie hier noch geäußert wurden. Ich darf nun Herrn von Böventer um seinen „Satz" bitten.

Dr. Edwin *von Böventer* (Münster):

Nur eine ganz kurze Bemerkung zum Schluß:

Was mir etwas zu kurz gekommen zu sein scheint in dieser Betrachtung, das sind die Zahlungsbilanzprobleme. Denn zum allgemeinen wirtschaftlichen Gleichgewicht wie im besonderen zum räumlichen Gleichgewicht gehört nicht nur die Reihe von Bedingungen, die ausführlich diskutiert worden sind und die ich hier nicht zu wiederholen brauche, sondern zum Gleichgewicht gehört auch die Bedingung, daß für jede einzelne Region die Summe der empfangenen Zahlungen gleich ist der Summe der Zahlungen, die von dieser Region ausgehen. Man braucht also ein Zahlungsbilanzgleichgewicht praktisch für jedes Dorf, für jede Stadt, für jede Region. Ich meine, daß sich durch die Einführung dieser Betrachtungsweise in die Analyse sicher eine Reihe von weiteren wichtigen Erkenntnissen ableiten läßt, die eine allgemeinere Lösung der Standortprobleme ermöglichen.

Vorsitzender Professor Dr. Jürg *Niehans* (Zürich):

Wir haben es nun soweit gebracht, daß die Rednerliste erschöpft ist: Ich darf fragen, ob Sie sie noch verlängern möchten. Wenn nicht, möchte ich mir gestatten, Herrn Giersch das Wort zu seinen Schlußbemerkungen zu erteilen.

Schlußwort des Referenten Prof. Dr. Herbert *Giersch* (Saarbrücken):

Meine Damen und Herren, gestatten Sie mir zunächst ein Wort zu dem Diskussionsbeitrag von Herrn Dr. Littmann. Da ich mich bei meiner Bemerkung über die direkten Steuern bewußt darauf beschränkt habe, nur die Notwendigkeit einer statistischen Korrektur der Unterschiede in den Brutto-Einkommen aufzuzeigen, sind seine Ausführungen eine wertvolle Ergänzung meines Referats. Auch in der Sache stimme ich ihm grundsätzlich zu.

Herr Predöhl hat mit Recht auf einige besondere Mobilitätshindernisse in den USA hingewiesen, auf die ich zum Teil auch in der Literatur gestoßen bin. Sie mußten unerwähnt bleiben, weil ich mein Referat nicht zu stark mit Einzelheiten belasten konnte, die für europäische Verhältnisse von geringerer Bedeutung sind. Ob man Kalifornien als ein neues eigenständiges Zentrum auffassen soll oder als ein Randzentrum, wie Herr Predöhl vorschägt, ist eine Frage, deren Antwort wohl auch vom Zeitpunkt der Beobachtung abhängt. Ich würde Herrn Predöhl für die Vergangenheit Recht geben, die Gegenwart unter Umständen noch als ein Übergangsstadium betrachten und für die Zukunft annehmen, daß sich Kalifornien zu einem eigenständigen Zentrum entwickelt. Diese Entwicklung wirft ihre Schatten in der regionalen Einkommensverteilung wahrscheinlich schon voraus.

Herrn Dr. von Böventer möchte ich sehr dazu ermutigen, die Probleme des Zahlungsbilanzgleichgewichts einzelner Gebiete und Orte zu untersuchen. Eine solche Studie könnte sehr wertvolle Aufschlüsse geben. Es wird allerdings nicht einfach sein, zuverlässige statistische Unterlagen zu bekommen.

Ich will mich jetzt den methodologischen Fragen zuwenden. Herr Egner fand, wenn ich ihn recht verstanden habe, daß die von mir angewandte Untersuchungsmethode zu positivistisch sei, daß ich zu viel rationalisiert habe. Darauf möchte ich folgendes antworten: Abgesehen davon, daß ich oft genug und wo es nur irgendwie angebracht schien, auf historische, geographische, ethnische und andere außerökonomische Umstände hingewiesen habe, die zur Erklärung mit herangezogen werden können und müssen, scheint mir doch die Aufgabe der Wirtschaftswissenschaft zunächst einmal darin zu bestehen, allgemeine Gesetzmäßigkeiten aufzufinden und diese mit Hilfe genereller Hypothesen zu erklären. Nach meiner Auffassung ist es erst dann möglich, die zahlreichen Ausnahmen von der Regel, die die vielfältige wirtschaftliche Wirklichkeit aufweist, mit den historischen, geographischen und anderen Besonderheiten in Beziehung zu bringen, auf die Herr Egner hingewiesen hat und die sich einer Verallgemeinerung entziehen. In der Bedeutung, die diesem zweiten Schritt zukommt, bin ich sicherlich wieder mit Herrn Egner einer Meinung.

Herr Meinhold kritisiert, wenn ich ihn recht verstanden habe, daß ich, statt das Lösch-System aus seinen Grundvoraussetzungen abzuleiten, einfach an Christallers System der zentralen Orte angeknüpft habe. Hierzu muß ich bemerken, daß es mir aus Gründen der Zeitersparnis und der Konzentration auf die Einkommensproblematik geboten erschien, auf eine Darstellung der Standorttheorie zu verzichten. Der Hinweis darauf, daß August Lösch dem hierarchischen System der zentralen Orte von Christaller eine theoretische Begründung gegeben hat, schien mir in diesem Kreise ausreichend zu sein, um mein Vorgehen zu rechtfertigen und die regionale Einkommenshypothese auf das anschaulichere und wirklichkeitsnähere Christaller-System gründen zu können. Der Vorteil besteht in der leichteren Verifizierbarkeit, der Nachteil aber offenbar darin, daß der Verdacht einer Tautologie nicht von vornherein ausgeschlossen wurde, wie eine Bemerkung von Herrn Niehans erkennen läßt.

Zum Schluß möchte ich zu den methodologischen Ausführungen von Herrn Weisser Stellung nehmen. Grundsätzlich können wir beim Testen der möglichen Hypothesen nicht wissen, ob die Fakten nicht vielleicht doch zwei oder mehrere Hypothesen — und nicht nur eine einzige — unwidersprochen lassen. In diesem Falle muß man nach zusätzlichen Informationen suchen, die eine weitere Selektion ermöglichen. Sind solche Informationen nicht verfügbar, muß das Mittel des indirekten Tests angewandt werden. Danach ist von zwei alternativen Hypothesen, die den konkreten Fall gleich gut erklären, diejenige vorzuziehen, die den weiteren Erklärungsbereich hat und auch mit den verwandten Erscheinungen am besten vereinbar ist. Ich kann hier auf Milton Friedmans schönen Aufsatz „On the Methodology of Positive Economics" verweisen. Ein Rest von Zweifel an derart bestätigten Hypothesen wird allerdings immer bleiben. Er verbindet sich mit der Hoffnung auf weiteren wissenschaftlichen Fortschritt. Irgend jemand stellt kühn eine neue Hypothese auf, die einen gegebenen Tatbestand besser erklärt als die bisher gültige Theorie oder die mehrere spezielle Hypothesen umfaßt und diese überflüssig macht. Hiermit eng verknüpft ist die Frage, wie wir bei der Erklärung eines Phänomens die Anzahl der möglichen Hypothesen von vornherein begrenzen können. Ich weiß hierauf keine Antwort, möchte aber davor warnen, irgendwelche formalen Kriterien anzuwenden. Die Kritik, die Langes „Price Flexibility and Employment" bei Friedmann und Meades „Balance of Payments" bei Harry Johnson gefunden hat, ist in dieser Hinsicht sehr instruktiv. Wenn es keine formalen Kriterien gibt, muß man sich mit Intuition behelfen. Wurde der Kreis der Hypothesen falsch abgesteckt und eine wichtige Erklärungsmöglichkeit außer Betracht gelassen, so sorgt in der Regel früher oder später die Kritik für eine Korrektur. Auch der wissenschaftliche Fortschritt vollzieht sich durch Probieren und Korrigieren. — Ihre Zwischenfrage, Herr Weisser, ob die psychischen Daten der klassischen Theorie nicht nach herrschender Meinung zu eng sind, kann ich nur bejahen. Oft genug freilich reichen sie aus, um brauchbare Hypothesen abzuleiten. Ich glaube jedoch, daß der von mir verwandte Begriffsapparat durchaus geeignet ist, verschiedenartige Verhaltensweisen zu erfassen. Denken Sie z. B. nur an die Begriffe der räumlichen und beruflichen Präferenzen oder an die qualitativen Faktoren, auf die ich hingewiesen habe. Im übrigen kann es nicht darauf ankommen, eine Theorie zu schaffen, die außer dem Allgemeinen auch noch das Besondere systematisch erklärt. Der Gedanke, es könne auch für den sozialen Kosmos so etwas wie eine umfassende Heisenbergsche Formel geben, ist wahrscheinlich eine Utopie. Ich glaube, damit kann ich schließen.

Vorsitzender Professor Dr. Jürg *Niehans* (Zürich):
Es bleibt mir noch übrig, Ihnen für Ihre Beiträge zu dieser Diskussion angelegentlichst zu danken. Ich glaube, daß die Diskussion recht anregend war, ich glaube auch, daß die eine oder andere Frage im Laufe des nächsten Jahres noch in kleinerem oder größerem Kreise anderswo besprochen wird. Ich glaube, das zuzugestehen, ist das beste Zeugnis, das wir Herrn Giersch für seine anregenden Ausführungen ausstellen können. Ich sehe nun mit Erwartung einer kommenden Tagung des Vereins entgegen, die über die „zentralen Orte" handeln wird und auf der dann der Referent als hauptsächlichste Erklärung für die Entstehung der zentralen Orte auf die regionalen Einkommensunterschiede hinweisen muß!

Schlußwort des Vorsitzenden der Gesellschaft für Wirtschafts- und Sozialwissenschaften:
Professor Dr. Walther G. *Hoffmann* (Münster):
Gestatten Sie mir ein ganz kurzes Schlußwort. Ich habe gestern die Tagung eröffnet mit dem Hinweis, daß im Bereich der Analyse der räumlichen Ordnung der Wirtschaft noch viel zu tun sei. Wir haben inzwischen ausgezeichnete Referate gehört, im ganzen sehr gelungene Diskussionsbeiträge bekommen und ich tue wohl niemandem Unrecht, wenn ich trotzdem der Meinung Ausdruck gebe, daß wir mit dem Eindruck auseinandergehen, noch viele ungelöste Aufgaben vor uns zu haben. Es handelt sich in der Tat um einen anderen Aspekt neben dem zeitlichen Querschnitt durch die Wirtschaft. Dem regionalen Problem ist daher in der allgemeinen Theorie wie in ihren speziellen Anwendungsbereichen ein stärkeres Gewicht zu geben als es bisher geschehen ist. Das ist zugleich die Begründung, weshalb die Diskussion an den Namen Johann Heinrich von Thünen geknüpft worden ist.

Ich darf zum Abschluß dieses Fachgespräches noch einmal allen Rednern danken und nicht zuletzt Herrn Kollegen Giersch, der eine besonders umfassende Analyse vorgelegt hat.

Ich darf ferner den Vorsitzenden, Herrn Kollegen von Beckerath und Herrn Kollegen Niehans herzlich danken für die Mühe, der sie sich unterzogen haben. Mein Dank gilt auch allen Teilnehmern für das große Interesse an beiden Sitzungen. Ich darf zu meiner Freude hervorheben, daß vor allen Dingen auch die junge und die jüngste Generation sich hier zu Wort gemeldet hat. Es ist eine der Aufgaben dieser Gelehrten-Gesellschaft, immer wieder der jeweils nächsten

Generation das Wort zu geben. Studiert man rückblickend die Annalen dieses wohl ältesten wirtschaftswissenschaftlichen Vereins überhaupt, sieht man deutlich, wie in einer gewissen Generationenfolge auf den Tagungen die einzelnen Persönlichkeiten unseres Faches in den Vordergrund getreten sind.

Es bleibt mir nur noch übrig, dem Hausherrn, Herrn Generaldirektor Dr. Frels, Vorsitzender des Vorstandes der Gothaer Lebensversicherung a. G., zu danken für die Gastfreundschaft in seinem Hause. Die äußeren Voraussetzungen für einen ungestörten und würdigen Verlauf konnten nicht besser gegeben sein.

Am Abschluß dieser außerordentlichen Tagung möchte ich schließlich Sie alle einladen zur Teilnahme auch an unserem nächsten, turnusmäßig stattfindenden Kongreß, der in diesem Jahr in Baden-Baden vom 7. bis 10. Oktober abgehalten wird. Gegenstand ist das nahezu die gesamte Weltwirtschaft beunruhigende Problem der offenen oder versteckten, schnell zunehmenden oder schleichenden Inflation. Dementsprechend ist das Rahmenthema der gesamten Tagung folgendermaßen formuliert worden: Finanz- und währungspolitische Bedingungen stetigen Wirtschaftswachstums. Ich würde mich freuen, wenn manches hier angeknüpfte Gespräch auf dieser Herbsttagung fortgeführt würde.

Damit darf ich die Thünen-Tagung in Göttingen beschließen.

Verzeichnis der Redner

Beckerath, E. von 46, 55, 58, 61, 63, 64, 65, 67, 68, 70, 72, 75, 76, 77, 80
Böventer, E. von 146
Brandt, K. 72
Egner, E. 58, 141
Engelhardt, W. 76
Esenwein-Rothe, I. 132
Giersch, H. 85, 135, 146
Hanau, A. 64
Harkort, G. 68
Hoffmann, W. G. 11, 149
Jürgensen, H. 77, 132
König, H. 67
Leontief, W. 46, 80
Littmann, K. 70, 142
Mahr, A. 63
Meinhold, H. 63, 138
Möller, H. 119
Niehans, J. 69, 85, 119, 125, 131, 132, 134, 137, 140, 141, 142, 145, 146, 149
Niehaus, H. 125
Predöhl, A. 61, 140
Recktenwald, C. 78
Rittig, G. 65
Schneider, E. 14, 75
Tinbergen, J. 56
Weber, O. 9
Weisser, G. 145
Woermann, E. 28

Printed by Libri Plureos GmbH
in Hamburg, Germany